Laisser l'amour en héritage

Les Éditions du Vermillon reconnaissent l'aide financière
du Conseil des Arts du Canada, du Conseil des arts de l'Ontario,
de la Région d'Ottawa-Carleton, et du gouvernement du Canada
par l'entremise du Programme d'aide au développement
de l'industrie de l'édition (PADIÉ) pour leurs activités d'édition.

 Patrimoine canadien   Canadian Heritage

Données de catalogage avant publication de la
Bibliothèque nationale du Canada

Bouchard, Diane, 1949-
    Laisser l'amour en héritage

(Collection Visages; 12)
ISBN 1-894547-21-7

    1. Bouchard, Diane, 1949- 2. Famille. 3. Parents et
enfants. 4. Amour. 5. Mères—Ontario—Biographies
I. Titre. II. Collection.
HQ759.B68 2001   306.874'3'092   C2001-900309-9

CONCEPTION DE LA COUVERTURE
MYRIAM BOUCHARD

Les Éditions du Vermillon
305, rue Saint-Patrick
Ottawa (Ontario) K1N 5K4
Téléphone : (613) 241-4032   Télécopieur : (613) 241-3109
Adresse électronique : editver@magi.com
Site Internet : http://www.citymax.net/vermillon

Distributeur
Prologue
1650, Lionel-Bertrand
Boisbriand (Québec) J7H 1N7
Téléphone : (1-800) 363-2864 (450) 434-0306
Télécopieur : (1-800) 361-8088 (450) 434-2627

ISBN 1-894547-21-7
COPYRIGHT © Les Éditions du Vermillon, 2001
Dépôt légal, premier trimestre 2001
Bibliothèque nationale du Canada

DIANE LUSSIER-BOUCHARD

LAISSER L'AMOUR EN HÉRITAGE

Récit

 Vermillon

Remerciements

À Jacques Flamand, des Éditions du Vermillon, pour ses précieux conseils m'ayant servi à tous les stades de mon travail.

À Thérèse Bouchard, Michelle Bourcier, Marie Leduc-Bélanger et Musset Pierre-Jérôme qui ont lu le manuscrit avec beaucoup d'attention et qui m'ont fait d'utiles remarques.

À Monique Roy pour la révision finale du texte.

À ceux et celles qui m'ont demandé de publier, ils m'ont donné confiance en moi-même.

À Myriam Bouchard, ma fille, pour son soutien technique et la conception de la page couverture.

À Ernie Susae, pour les photos.

À Jacques et aux enfants
afin qu'ils se souviennent

« Le monde serait-il plus beau si nous avions tous le même visage ? Si nos caractères et nos talents, nos goûts, nos désirs, nos aversions et nos aspirations étaient tous coulés dans le même moule ? S'il n'existait pas de variétés dans le monde animal, végétal ou minéral, si tout était strictement uniforme et orthodoxe, quel monde de monotonie physique et morale ce serait. »

Thomas Jefferson

Prologue

J'ai passé la plus grande partie de ma vie au Québec et, à la fin des années soixante-dix, les femmes partaient en croisade pour des changements sociaux. Elles voulaient décider de leur avenir, de leur rôle dans la société, acquérir leur indépendance, être maîtresses de leur vie. Le discours féministe allait très loin; le mouvement prochoix faisait campagne. Les femmes refusaient le modèle traditionnel de la famille. Les Québécoises, plus que les autres femmes canadiennes, boycottaient les grossesses. Le nombre trop faible de naissances était alarmant (1,8 enfant par femme en 1976), pas assez élevé pour la survie d'une population puisqu'il faut au moins 2,1 enfants par femme en moyenne pour garder le seuil de remplacement d'une population. Elles voulaient obtenir l'égalité des sexes, l'équité salariale, et bénéficier des mêmes avantages que les hommes. On associait la réussite des femmes à leur vie professionnelle et, leur pauvreté, au fait qu'elles étaient peu scolarisées et restaient à la maison.

On valorisait la femme à la valise, jeune, attrayante, indépendante, au sein d'une entreprise internationale. J'ai vécu, selon certaines valeurs de mon temps, le mouvement de libéralisation des femmes. J'ai cru en la scolarisation : j'ai fait deux retours aux études après mon mariage. J'étais convaincue que les femmes devaient contrôler leurs grossesses au moyen de la «pilule», même si l'Église ne l'acceptait pas. Je croyais aussi qu'elles avaient droit à l'épanouissement dans leur travail, peu importe celui qu'elles choisissaient.

Étant femme, j'étais inévitablement engagée dans le débat, en ayant le choix d'avoir ou de ne pas avoir d'enfants ce qui, à mon avis, avait un impact social important; la famille québécoise changeait ainsi de visage, elle éclatait.

J'épousais le discours féministe, car je voulais aussi que les femmes se définissent elles-mêmes plutôt que de se faire imposer une identité, un rôle social. Je comprenais l'importance et la nécessité de participer aux changements d'attitude à l'égard des femmes, de reconnaître leurs droits. Désirant concilier travail et famille, je faisais carrière dans l'enseignement. Même si je voulais contribuer aux changements, j'avais mes propres idées sur la famille : j'adorais les enfants. Mais j'étais troublée par le trop grand sacrifice que je devrais faire.

Je suis devenue marginale, par rapport au courant de pensée du temps, d'abord, en voulant avoir une famille nombreuse, puis en adoptant des enfants issus d'autres communautés culturelles. Mon mari et moi affirmions nos convictions, nous ouvrions nos frontières, notre famille, à la dimension du monde.

Au début, j'ai concilié travail et famille. À mesure que la famille s'agrandissait, je devais donner de plus en plus de moi-même aux enfants. J'ai alors pris la décision de me consacrer entièrement à eux. C'est ainsi que, des enfants, nous avons fait notre priorité.

En tant que femme, porter un enfant a toujours représenté, à mes yeux, l'apogée de la féminité. D'avoir reçu en cadeau à la naissance cette possibilité de participer personnellement à l'œuvre de la création en donnant la vie était pour moi un privilège. Par mes grossesses, j'ai voulu être pleinement femme. Je ne concevais pas mon avenir sans enfants. Je voulais partager ma vie avec quelqu'un qui aimait les enfants autant que moi, qui avait le même idéal. Nous croyions qu'il n'existait pas de travail plus passionnant que celui de guider une autre existence, d'offrir à nos enfants un milieu sûr et aimant leur permettant de développer leur potentiel et de modeler leur propre personnalité. Nous étions convaincus que leur petite enfance était sacrée et, quand j'ai choisi de m'y dédier à plein temps, j'étais très consciente de l'impact économique qu'aurait cette décision sur notre situation au moment de la retraite. Je me coupais de tout fonds de pension, d'une plus grande autonomie financière. Jacques acceptait lui aussi d'être à contre-courant. Nous avons pris cette décision ensemble.

Parfois, il était difficile de penser et de vivre différemment des autres. À l'occasion, nous sentions les critiques. Bien des gens ne comprenaient pas notre choix. Il nous fallut être forts pour résister et poursuivre notre idéal.

Nous avons été à tour de rôle à la barre, gardant le cap sur nos idéaux d'ouverture au monde, de transmission de la vie, marquant ainsi notre passage sur terre. Ce fut notre manière de contribuer à bâtir ensemble un monde meilleur.

Aujourd'hui, après trente ans de vie commune, nous sommes convaincus que nous avons réalisé plusieurs de nos rêves, et nous continuons à rêver.

Les féministes ont travaillé fort et ainsi, elles ont réussi à améliorer les conditions de travail des femmes. Désormais, les congés de maternité et parentaux aident les jeunes couples. Les femmes ont eu accès à des domaines jusque-là considérés comme exclusifs aux hommes; elles sont devenues cadres supérieures, entrepreneures, plombières. Elles ont obtenu fonds de pension, avantages sociaux et équité salariale. La majorité des jeunes femmes sur le marché du travail bénéficieront de tous ces gains.

Malheureusement, les femmes au foyer ont, à mon avis, été oubliées. Je leur dédie *Laisser l'amour en héritage*.

Notre société contemporaine privilégie l'individualisme, le matérialisme et la recherche d'une satisfaction immédiate. On ne parle pas beaucoup de la famille et on conçoit les enfants presque comme un bien de luxe. Je souhaite que *Laisser l'amour en héritage* favorise, auprès de ses lecteurs, une vraie réflexion sur les enfants et la famille, ces trésors de la vie.

Enfin, j'aimerais que mon témoignage soit un message aux jeunes soucieux d'adhérer à d'autres valeurs que celles véhiculées présentement par notre société. Il revient à chacun et à chacune de vivre en accord avec ses convictions et sa propre définition de l'épanouissement et du bonheur.

Introduction

Tout a commencé le 14 février 1987. Jacques m'avait offert un cahier et, sur la première page, il avait inscrit : «Saint-Valentin 1987, pour écrire ton livre». Ce cadeau m'a alors paru un gage d'amitié et a été un soutien incroyable. Je me suis donc mise à rassembler et à retranscrire mes observations sur les enfants. J'ai toujours eu plaisir à prendre des notes sur chacun d'eux, ne voulant pas perdre le souvenir de certains de leurs gestes, de leurs paroles d'enfant. Je gardais précieusement ces moments de bonheur familial. Je sais à quel point le vécu de la petite enfance est une eau qui irrigue l'homme et la femme à venir, et c'est pourquoi j'avais décidé de consacrer beaucoup de temps à chacun de mes enfants pendant cette période.

Entre 1988 et 1993, mon cahier est resté trop souvent fermé; il y a eu deux naissances et mon retour aux études à temps plein... je n'avais plus un moment de liberté pour écrire.

Mon projet d'écriture, mort avant d'avoir pris forme, est remonté à la surface en 1994. C'était l'année internationale de la famille et, quand nous avons décidé d'avoir huit enfants, cette année dédiée à la famille n'a pas manqué de nous interpeller. Je n'ai pas participé aux activités organisées à cette occasion, mais j'ai beaucoup réfléchi à la signification profonde d'avoir des enfants, au rôle de la famille dans la société d'aujourd'hui et au défi immense que les parents ont à relever. J'en ai conclu qu'il y avait une joie profonde à donner naissance et que ma vie accompagnée de mes huit enfants était magnifique. J'ai donc ressorti mes notes mais... je n'étais pas prête ou pas convaincue. Je l'abandonnai une troisième fois.

Enfin, le 15 août 1998 a été le moment décisif. L'aîné de nos enfants, Ameer, succombait à un cancer. Après ce malheur, j'ai senti l'urgent besoin de reprendre mon projet. J'ai retrouvé ma détermination du départ. Ce que j'avais commencé en 1987 allait enfin prendre son envol.

Pourquoi fallut-il attendre ce triste événement ? Pendant la maladie de mon fils, je lui avais parlé, à quelques reprises, de son histoire. Je voulais qu'il l'entende avant de mourir. Il refusait en disant que je pourrais la lui lire plus tard. Et, le 14 août 1998, il m'a demandé péniblement :

– Veux-tu me lire mon histoire, maintenant ?

– Tu es trop faible aujourd'hui, remettons ça à demain.

Il a insisté. J'ai alors décelé l'urgence de la situation. Il m'annonçait ainsi que sa mort approchait. Pendant que je lui lisais le récit de sa vie, nous nous tenions la main. Et, par cette lecture, je refermais la boucle sur sa vie.

J'ai repris mon projet d'écriture et, cette fois, je savais que rien ne m'arrêterait : il m'a accompagnée. J'ai compris, avec le décès d'Ameer, que si je me contentais de rêver, rien n'arriverait. Il faut plutôt croire vraiment en son rêve et travailler jusqu'à ce qu'il devienne réalité.

Au début, ce ne devait être qu'un simple journal intime mais, à mesure que j'écrivais, je me rendais compte que mes expériences pourraient être un soutien à d'autres familles. Nous avons eu cinq enfants biologiques. Nous avons adopté trois enfants de l'adoption internationale et nous avons été en outre, pendant trois ans, famille d'accueil. Je sais pertinemment bien que, parfois, il est essoufflant d'être parents éducateurs.

Vous qui êtes parents, j'espère que vous vous reconnaîtrez, que mon expérience vous permettra de revivre des moments heureux de votre aventure familiale ou d'y jeter un regard nouveau.

À ceux qui ne sont pas encore parents, j'espère que mes propos leur donneront le goût de le devenir. Les enfants demeurent la plus grande réalisation de ma vie et aussi la plus permanente. J'ai l'impression de vivre multipliée, agrandie aux dimensions du monde.

Aux parents adoptifs, je dédie particulièrement trois chapitres. Nous avons beaucoup à mettre en commun.

Les enfants, je vous remercie de ce livre, c'est votre histoire, votre testament. Je veux vous léguer, par mes écrits, une parcelle de votre vie. Chaque fois que vous ouvrirez *Laisser l'amour en héritage*, vous ferez un voyage dans le temps et j'aimerais que l'aventure soit passionnante.

À notre époque, il y a un doute, voire une suspicion sur la famille. Nous voulons vous dire que vous avez tous été désirés et aimés même avant votre arrivée; vous n'avez pas été des accidents de parcours : nous vous avons choisis. Vous avez partagé notre vie, nous vous avons donné le meilleur de nous-mêmes, notre amour inconditionnel.

Chapitre premier

Parbin

Tu es née au Bangladesh en 1974 et nous t'avons adoptée en 1976. Ton nom signifie « rayon de soleil ».

Nous sommes tes parents depuis vingt-trois ans maintenant. Que de chemin parcouru ensemble! Nous nous rendons compte aujourd'hui que toutes les peurs qui nous ont hantés étaient bien inutiles. Nous nous demandions ce que tu deviendrais plus tard, si tu t'adapterais à ton handicap et, surtout, comment nous pourrions te rendre autonome financièrement. Tu es devenue une jeune femme respectable, autonome et heureuse. Nous nous enorgueillissons souvent de tes réussites. Ton travail te donne la liberté financière; les études que tu poursuis à l'Université de Montréal te procurent le plaisir d'apprendre et te préparent à ton avenir professionnel. Ton sourire radieux et communicatif nous réchauffe le cœur et nous révèle ton épanouissement. Enfant, tu étais si effacée, silencieuse et, souvent, tu préférais ne point bouger de ton cocon. En toi, pourtant, il y avait la promesse d'une floraison future et, aujourd'hui, nous avons la joie d'en être témoins. Nous sommes fiers de toi; tu mérites tout le succès que tu connais parce que c'est à toi-même que tu le dois. Nous t'avons aidée, mais c'est ton courage qui t'a conduite là où tu es.

« Née à une date approximative de parents inconnus » sont les seuls renseignements qui apparaissaient sur ton extrait de naissance. Lorsque j'ai lu ces mots, un frisson de tristesse m'a envahie : était-ce possible d'ignorer une date aussi importante? Comment, un jour, t'expliquer cela. J'ai été très affectée par cette note. Ta date de naissance du 11 février 1974 a donc été fixée par les médecins qui t'ont examinée au Bangladesh et ton âge a été déterminé en fonction de ta dentition.

Tu as été notre première enfant et tu es née, pour nous, à deux ans et demi. Si petite, tu habillais du six mois. Tu ne marchais pas encore et tu ne parlais pas non plus; tu étais atteinte d'une paralysie cérébrale qui handicapait tes mouvements moteurs. De juillet à novembre 1976, tu as vécu à Montréal sous la garde de Kimberly Simpson pour un suivi au Montreal Children Hospital. Nous t'avons donné son nom afin que tu te souviennes qu'elle a joué un rôle très important dans ta vie. Elle a été ton ange, ta protectrice. Elle n'avait que dix-huit ans lorsqu'elle t'a rencontrée.

Étudiante à Montréal en soins infirmiers, elle est allée au Bangladesh pour la première fois en juin 1976 à titre de bénévole à l'orphelinat où tu étais. La première nuit, nous a-t-elle dit, elle a entendu un bébé crier sans arrêt; c'était toi. Au matin, elle a demandé de s'occuper de cette enfant pendant son séjour. Tu étais renfermée, craintive, tu tournais le dos à tout le monde lorsque tu mangeais. Elle t'a gardée auprès d'elle, elle a partagé son lit avec toi et tu as retrouvé le calme; ton sommeil est revenu. Elle t'avait prise en affection. À la fin de son stage, ne voulant pas t'abandonner, elle a souhaité t'adopter. Nous étions avec sa mère le jour où elle reçut la lettre de Kimberly lui annonçant ses intentions. Cette dame était responsable de l'adoption internationale et présidente de l'organisme Familles pour Enfants. Ce sont sa grande générosité d'adolescente, son désir de changer le monde et son amour pour toi qui t'ont conduite jusqu'à nous. Elle n'avait pas encore terminé ses études. Cela semblait impossible. Notre demande d'adoption était prête depuis plusieurs mois et nous attendions qu'on nous présente un enfant. Je me souviens très bien de notre réaction lorsque sa mère nous a parlé de la situation. Si une jeune femme pensait s'engager pour la vie, voulait prendre le risque, c'est qu'elle croyait en toi, en tes capacités. Nous avons demandé de t'adopter. À deux, nous pensions qu'il serait plus facile de s'occuper de toi. Nous étions mariés depuis six ans, prêts à devenir parents. Ce matin-là, je suis devenue enceinte de toi... je te portais dans mon cœur.

Nous t'avons aimée au-delà de ton handicap. Nous voulions t'adopter sans en tenir compte. Nous partagions le même idéal, nous croyions en la vie. Nous voulions te donner la chance de vivre dans des conditions plus favorables. Tu étais à la fois fragile et forte, puisque tu avais survécu à des conditions misérables dont tu avais souffert au Bangladesh. Une religieuse de la communauté de Mère Teresa t'avait trouvée dans un bidonville de Dacca, puis confiée à Familles pour Enfants. Cette journée-là, sans le savoir, ta vie prenait un tournant décisif. Nous nous rapprochions lentement de toi et nos mains, tendues de chaque côté du monde, se sont touchées définitivement le 17 juillet 1976, à Mirabel.

À l'aéroport, d'autres parents attendaient l'arrivée de leur enfant. Les réactions étaient différentes de l'un à l'autre, certains pleuraient de joie à l'annonce de l'atterrissage de l'avion transportant nos enfants. D'autres faisaient les cent pas. J'avais l'impression d'être dans une salle d'accouchement. Les agents de l'immigration avaient mis un local à la disposition des parents adoptants. Nous sentions beaucoup de nervosité dans l'air. Pourtant calme extérieurement, je tremblais intérieurement. Tout à coup, j'accouchais dans la douleur, j'avais peur de ne pas être à la hauteur. Jacques et moi voulions être seuls pour t'accueillir afin de ne pas t'effrayer. Nous étions jaloux de ce premier contact.

Je t'ai reconnue au moment où tu franchissais la porte grâce à la photo récente de toi que nous avions reçue. Je t'ai trouvée très belle. Jacques était nerveux lui aussi, nous nous sommes approchés doucement, je t'ai tendu les bras en prononçant ton nom. Tu t'es retournée... je t'ai prise dans mes bras... je te mettais au monde. Tu avais l'air triste et je me souviens de ton visage sans émotion. Tu étais fiévreuse et très faible. Tu allais des bras de Jacques aux miens, sans résistance. Nous vivions cet instant avec émotion. Ce soir-là, nous sommes revenus à la maison sans toi. Familles pour Enfants nous avait avisés de la possibilité que tu repartes au Bangladesh si les rapports médicaux ne répondaient pas aux exigences de l'immigration canadienne. Dès que nous t'avons vue, nous savions que nos destins allaient être liés à jamais. Nous étions décidés à te garder, mais nous avons dû attendre les résultats de l'hôpital. Ta chambre, jaune et accueillante, était prête. Nous l'avions tapissée et préparée ensemble. Nous voulions désormais mettre du soleil dans ta vie.

Chaque fin de semaine, de juillet à novembre, tu as séjourné chez nous accompagnée de Kimberly Simpson. Nous allions vous chercher le vendredi après le travail pour vous reconduire le dimanche soir. Familles pour Enfants était responsable de toi. Tu restais donc avec la famille de Kimberly. Celle-ci devait t'accompagner à l'hôpital.

Ces mois étaient difficiles, car nous nous attachions à toi sans pouvoir te prendre avec nous. Enfin, l'appel tant attendu arriva le 11 novembre 1976. À partir de cette date, tu nous accompagnas partout. Nous voulions être témoins de toutes tes découvertes et les premiers à te voir marcher, à t'apprendre à parler. Nous te transportions sur notre dos et te faisions répéter mille mots. Ton apprentissage de la langue progressait très bien. Je me souviens du moment où tu as répété très clairement le mot «borne-fontaine» en me la montrant. Nous nous réjouissions de tes progrès. Tu avais un grand besoin de sécurité et nous devions toujours être dans la même pièce que toi. Tu ne pouvais pas dormir seule dans ta chambre. Dès qu'on te déposait dans ton berceau, tu hurlais de peur. Aussi avons-nous dû dormir pendant six mois, tous les trois, sur un matelas étendu sur le plancher de ta chambre. Puis, lentement, tu as appris à dormir seule dans ton lit et nous avons été très heureux de retourner dans notre propre lit. Tu mangeais beaucoup et ne laissais jamais rien dans ton assiette. À la fin de ton repas, tu remplissais tes poings de riz, tu avais peur d'en manquer. Je n'arrivais pas à te faire ouvrir les mains. Tu faisais comme l'écureuil prudent qui emmagasine des provisions pour l'hiver. Cela me touchait et je m'attendrissais de te voir agir de la sorte. Je ne voulais plus que tu souffres de la faim. Après quelques semaines, tu nous as fait confiance, tu savais que le repas viendrait tout seul.

Ta paralysie retardait ton développement moteur seulement. Tu as laissé les couches à trois ans et tu as marché à trois ans et demi à l'aide d'appareils orthopédiques. Tu t'émerveillais de tout. Tu nous impressionnais. Tu t'intéressais à l'émission «Passe-Partout» et apprenais bien. Nous investissions beaucoup de temps à tes apprentissages; je voulais te préparer à l'école afin que tu puisses suivre la classe régulière. Je croyais fermement qu'avec une bonne instruction tu pourrais, un jour, être financièrement autonome et faire ta place dans la société canadienne. Le temps m'a donné raison. Et je me suis battue pour ce principe avec les autorités scolaires. Ce ne fut pas facile au début. Deux semaines après ton entrée à la maternelle, on a voulu te retirer de la classe régulière pour te placer dans un centre de jour. Une simple lettre m'informait de cette décision. On ne m'avait pas consultée. Après avoir demandé des explications, je me suis fortement opposée à la mesure, parce que le programme n'était pas le même qu'en classe régulière; le temps consacré aux matières principales était plus court.

Je ne voulais pas, tu apprenais bien et je ne souhaitais pas qu'on ralentisse ton progrès. Aussi m'efforçais-je de te rendre autonome, même si tu portais des appareils orthopédiques et des bottines. Je t'avais appris à t'habiller toute seule; tu pouvais, en hiver, fermer ton habit de neige et mettre tes bottes par-dessus ton appareil. Qu'avaient-ils donc à te reprocher? Ils avaient décidé, pour toi, que tu ne pourrais pas suivre. Tu te déplaçais trop lentement. Tu retardais l'autobus. Foutaise. Je te surveillais de loin, comme l'aigle veille sur ses aiglons; j'étais prête à réagir et je les ai foudroyés d'arguments. Je leur ai parlé du droit à l'éducation de qualité pour tous, du programme de morale, du programme de catéchèse. N'y enseignait-on pas la tolérance, l'amitié, le partage et notre responsabilité envers les plus faibles? Je leur disais que tu allais être un bel exemple de courage, de force morale pour tes pairs. Je crois avoir été plutôt convaincante puisque tu n'as jamais fréquenté le centre de jour. J'étais persuadée qu'il fallait te donner ta chance.

Nous avons examiné tes difficultés motrices et, ensemble, avons essayé de trouver des réponses pratiques; je cherchais fébrilement une solution de remplacement au centre de jour. Nous avons convenu que tu quitterais la classe cinq minutes avant les autres afin d'éviter la cohue de la sortie et l'encombrement des corridors. Dans leur hâte, les enfants te bousculaient et te faisaient perdre l'équilibre. Tu ne te plaignais pas, mais éprouvais de la difficulté à te relever et arrivais en retard à l'autobus. Le remède consistait à te présenter notre jambe que tu saisissais comme poteau d'appui et ainsi tu étais capable de te relever et de continuer ta route. Heureusement, tu avais une personnalité attachante, tu souriais et t'attirais toujours la sympathie de quelqu'un. Enfin, j'avais pris l'engagement de toujours t'accompagner lors des sorties spéciales. J'ai été très présente à l'école et j'ai tenu promesse.

Un jour, je me suis donc présentée à l'activité de patinage avec toi. À la stupéfaction des autres parents, tu portais toi-même tes patins sur le dos pour te rendre au vestiaire; tu allais patiner pour la première fois, tu étais radieuse. Je m'efforçais de t'enseigner que, dans la vie, tout est possible. Il fallait vouloir et essayer de son mieux. Après cela seulement, on pouvait abandonner. De toute façon, pour s'amuser en patinant, il n'était pas nécessaire d'être championne olympique.

Chaussées de nos patins, nous nous sommes dirigées vers la patinoire. Sur la glace, penchée au-dessus de toi, je te tenais entre mes jambes, mes mains gardaient tes pieds ensemble et je te faisais ainsi glisser. Tu rayonnais de joie. Quel beau spectacle! Tu me criais :

– Maman, je sais patiner.

– Oui, et c'est agréable.

La position étant fatigante, je t'ai assise sur une chaise d'enfant, m'assurant que tes pieds touchaient la glace. Je t'ai poussée ainsi pendant toute la séance. Tout excitée, tu riais aux éclats. Tu patinais à ta façon, nous patinions de concert. Nous nous aimions.

Le reste de l'année scolaire s'est déroulé sans incident. La deuxième année, le scénario a recommencé. On voulait encore te diriger vers le centre de jour. La bataille, la deuxième fois, a été plus facile à gagner. Quelques coups de téléphone et mon engagement à seconder l'enseignante ont suffi.

Chère Parbin, tu as mis beaucoup de temps à découvrir que tu étais brune, faisant ainsi partie d'une minorité visible au Québec. Je savais que tu aurais sans doute à faire face à des comportements racistes. Nous vivions un jour à la fois. Puis un soir, à l'heure du bain, tu avais six ans, je t'ai surprise dans la baignoire à te frotter rudement les bras. Tu prenais ton bain en compagnie de ta sœur Dominique, de quatre ans ta cadette, et notre première enfant naturelle.

– Pourquoi te frottes-tu si fort? ai-je demandé.

– Je veux enlever ma peau brune, en-dessous il y a une peau blanche comme celle de Dominique, m'as-tu répondu.

Ta remarque m'a beaucoup surprise. Et, avec un peu d'émotion, je t'ai raconté ton histoire de nouveau. Que ta mère biologique avait la peau de la même couleur. Je voulais que tu en sois toujours fière. Pourtant, je t'avais déjà parlé de l'avion qui t'avait conduite au Canada. Je crois que tu constatais pour la première fois que tu étais différente, que ta peau ne changerait jamais de couleur. Avec les enfants adoptés en bas âge, il faut souvent leur raconter leur histoire; je crois en effet qu'ils l'oublient. Ainsi, je t'ai rappelé tes origines. Tu avais été adoptée et la couleur de ta peau n'avait pas d'importance à nos yeux.

Je crois que les enfants provenant de minorités visibles et adoptés en très bas âge perdent leur identité première. Beaucoup plus tard, tu me disais : «C'est étrange, quand je me regarde dans un miroir, je vois que je suis brune, mais aussitôt le dos tourné, c'est fini, j'oublie que je ne suis pas blanche. En dedans de moi, je suis blanche, je suis québécoise, je suis comme les autres.»

Tu as aussi pris conscience de ton handicap assez tard. Tu m'exprimais facilement tes préoccupations. Ainsi, un jour, en revenant de l'école, tu m'as demandé :

– Maman, est-ce que je suis handicapée?

– Pourquoi me poses-tu cette question?

– Parce qu'à l'école, les enfants disent que je suis handicapée.

Je t'ai souri et je t'ai regardée longuement avant de te répondre. Je te trouvais charmante. Je savais par ta question que tu ne te voyais pas handicapée et c'était merveilleux. Je réfléchissais à ce que j'allais te dire. Je trouvais important de répondre. Puis, je me suis assise près de toi et nous avons discuté.

– Alors pourquoi, penses-tu, qu'ils disent cela?

– Parce que je porte des bottines et des orthèses, puis je ne cours pas vite.

– Tu sais, je porte des lunettes parce que je ne vois pas bien et cela m'aide à voir, alors c'est un peu comme ça pour toi, tes orthèses t'aident à marcher.

Et j'ai continué :

– Il y a beaucoup de choses que tu sais faire. Peux-tu me dire ce que tu aimes? Et tu as ajouté :

– Je sais lire, écrire, parler, m'amuser, chanter, glisser sur la neige, jouer au parc, écouter de la musique, faire mon lit, mettre la table.

– Ainsi, tu es capable de toutes sortes de choses. Tu auras toujours la liberté d'essayer ce que tu voudras. Il faut surtout accorder de l'importance à ce que tu peux réaliser. De toute façon, même si je sais patiner, je ne suis pas une experte. L'essentiel est que je prends plaisir à patiner. Ne te laisse pas influencer par les gens qui ont pitié ou qui te disent que tu es limitée. C'est à toi seulement de choisir ce que tu peux ou ne peux pas accomplir. Personne n'a le droit de te fixer des limites.

Cette attitude t'a bien servi, Parbin. Tu as essayé une fois depuis de faire du ski alpin et tu t'es bien amusée. Toutefois, tu ne tiens pas tellement à recommencer. Il faudrait t'adapter des skis, ce qui ne serait pas impossible, mais tu préfères t'adonner à d'autres activités. Depuis deux ans, tu fais de la motocyclette, conduite par ton conjoint. Vous avez dû modifier le siège sur lequel tu prends place, et c'est ainsi que tu continues à découvrir de nouveaux intérêts. Tous les deux membres d'un club de motocyclistes vous avez acheté de l'équipement. Tu adores cette nouvelle activité. C'est ton choix et je t'encourage à vivre pleinement.

Au cours de ta vie, tu as été victime de harcèlement et j'ai décidé d'intervenir. Voici une anecdote.

Tu avais environ six ans. À l'arrêt d'autobus, un garçon se moquait de toi. Pour lui échapper, tu courais dans la direction opposée et traversais la rue. C'était dangereux et j'avais observé cette scène à deux reprises de la fenêtre de la cuisine. C'est alors que j'ai décidé de te suivre à distance jusqu'à ton arrêt. Il y avait là plusieurs enfants et le manège reprenait. Les enfants riaient de toi et personne n'essayait de t'aider. Comme nous ne nous ressemblions pas physiquement, on ne m'associa pas à toi. J'ai interpellé le jeune qui te harcelait :

– Excuse-moi, qu'est-ce que tu fais ? Ne vois-tu pas que cette enfant porte des appareils et qu'elle a de la difficulté à marcher ? Le garçon effronté me tint tête :

– Qui es-tu, toi ?

– Je suis sa mère. Je voudrais te parler.

– Pourquoi ?

– Je n'aime pas la façon dont tu traites ma fille.

Il ne voulut rien entendre. J'ai dû insister.

– Si tu ne veux pas écouter immédiatement ce que j'ai à te dire, il faudra bien que tu m'entendes devant tes parents et en compagnie de ma fille. Est-ce que tu préférerais cela ?

– Non, je ne veux pas.

– Alors, approche-toi de moi.

Puis j'ai continué :

– Parbin a très peur de toi, tu lui fais de la peine quand tu te moques d'elle. Si tu trouvais un oiseau l'aile cassée, quelle attitude adopterais-tu ? Est-ce que tu lui briserais l'autre aile ou bien lui porterais-tu secours ?

J'étais choquée. Je lui faisais la morale, bien déterminée à me faire comprendre.

– J'espère que tu lui porterais secours. Tu vois, ma fille est un peu comme ce petit oiseau et elle a besoin d'aide pour marcher ; c'est la raison pour laquelle elle porte ces appareils.

Les autres enfants écoutaient silencieusement.

– Toi, tu as de la chance d'être en bonne santé. Tu pourrais l'aider au lieu de te moquer d'elle. Je voudrais que tu t'excuses maintenant.

Un peu gêné, il s'est excusé. Puis, je me suis adressée aux autres enfants :

– Elle sera ici tous les matins et elle a besoin d'amis, j'espère que je peux compter sur vous.

Je t'ai fait un câlin, et j'ai attendu l'autobus avec toi. Dominique était assise dans mon sac à dos, elle avait neuf mois et ne comprenait certainement pas la scène dont elle avait été témoin. Après le départ de l'autobus, j'ai pleuré comme une enfant, de révolte. Je ne pourrais pas être présente chaque fois pour te protéger. Je me doutais que des incidents semblables se reproduiraient. Est-ce que tu saurais te défendre? Je devais t'équiper d'un bouclier, et je sentais que ce n'était pas simple. J'éprouvais également de la peine, je ne voulais pas que ces expériences viennent miner mon travail. Je ne te parlais jamais de ton handicap, de ta différence, je te parlais d'aimer la vie, de mordre dans l'avenir, d'aller au bout de tes limites, que tu étais belle et aimable. Personne en ma présence ne briserait ton estime si difficile à construire.

L'acceptation de tes limites n'a pas toujours été facile, surtout au moment de l'adolescence. À l'école secondaire, tes camarades étaient assez cruels et intolérants. Tu as connu alors des expériences marquantes, au moment où l'influence des pairs s'avère plus importante que celle des parents.

À l'école polyvalente, tu entendais dire : « Regarde-la donc, elle marche tout croche », et tu étais témoin des moqueries suscitées par ton handicap; on imitait ta démarche. Je trouvais cette attitude inacceptable mais, inlassablement, je t'encourageais à rester positive, ce qui ne t'a pas empêchée d'être marquée, du moins pendant un certain temps. Évidemment, nous ne pouvions pas changer le monde. Il ne faut pas se laisser écraser par deux ou trois personnes négatives placées sur notre route, mais rechercher la compagnie de celles qui nous acceptent, qui nous aiment comme on est, et passer outre. Ce n'est pas facile, et ce peut être le travail de toute une vie. Il faut d'abord nous accepter tels que nous sommes, reconnaître nos faiblesses. Alors seulement nous pourrons nous sentir à l'aise et en harmonie avec nous-mêmes. Et toi, je le sais, tu faisais de ton mieux.

Au cours de ton secondaire, tu as été immobilisée durant deux mois, à la suite d'une deuxième opération beaucoup plus grave et éprouvante que la première, ce qui t'empêcha de fréquenter l'école pendant ta convalescence. Il t'était douloureux de réapprendre à marcher, de faire trois séances de physiothérapie par semaine à l'hôpital et de te concentrer sur tes études. Malgré des périodes de découragement, tu en es sortie victorieuse.

À quatorze ans, tu gardais les enfants d'une voisine après l'école. Tu étais très appréciée et responsable. Pendant plusieurs étés tu as participé au camp Papillon, comme campeuse, puis tu as obtenu, quatre années durant, un emploi d'été à la cuisine. C'est ainsi que tu as appris à devenir autonome financièrement, à suivre un budget et à rester à l'intérieur de tes contraintes économiques.

Le soir de la remise du diplôme de cinquième secondaire, tu as reçu un trophée Méritas pour ta persévérance et ton courage. Au moment où tu t'avançais pour accepter le parchemin, j'ai été renversée par la réaction de la foule. Les cinq cents personnes présentes se sont levées, brisant le silence par des applaudissements incessants. Ils accompagnaient chacun de tes pas, semblant te porter dans leurs bras. Tu n'étais plus qu'un rayon de soleil, Parbin, comme le signifie ton nom. Ce fut un instant solennel. J'essuyai des larmes de joie. Désormais outillée pour la vie, tu irais au bout de tes limites, prête à quitter le nid et à voler de tes propres ailes. Ce que tu fis. En août 1989, tu déménageas à Québec pour entreprendre tes études postsecondaires au Collège de Sainte-Foy. C'est d'ailleurs là que tu as rencontré le compagnon de ta vie.

Je ne sais pas ce qui serait arrivé si j'avais accepté de t'envoyer dans un centre de jour sans mettre en question la décision des autorités scolaires. Je ne m'attarde plus à cela, j'ai toujours préféré regarder vers l'avenir.

Après le cégep, tu es revenue à Montréal. Tu as poursuivi tes études universitaires à temps partiel, tout en travaillant à la Banque Royale.

En avril 2001, nous marcherons à tes côtés, fiers de t'accompagner à la collation des grades de l'Université de Montréal. Tu y recevras ton troisième certificat que tu auras bien mérité. Plus que quiconque, nous t'applaudirons, nous reconnaîtrons une autre fois tes efforts et ta persévérance. Le succès t'attend!

Bonne chance, Parbin, ta vie sera ce que tu en feras. Souviens-toi que nous t'aimons beaucoup et t'aimerons toujours.

Chapitre II

Ameer
10 mai 1969 – 15 août 1998

Ameer est né au Bangladesh le 9 mai 1969 et nous l'avons adopté en juillet 1977, quelques mois seulement après l'adoption de Parbin. Accoucher d'un si grand enfant a été très douloureux. Il avait donc huit ans au moment de notre premier contact. Notre route ensemble n'a pas été très longue. Il est décédé à l'été de sa vie, le 15 août 1998.

J'ai décidé de ne pas publier son histoire, celle que je lui avais lue le 14 août. Sans sa permission, j'ai préféré partager plutôt notre vécu familial durant sa maladie et aussi offrir au lecteur le texte que j'ai écrit à Ameer et lu à l'église en guise d'adieu.

La maladie d'Ameer l'a frappé comme un voleur, sans avertissement. Il avait travaillé toute la journée du 23 novembre et s'était couché avec des douleurs qu'il croyait être musculaires. Réveillé par un malaise intense à l'estomac et une grande difficulté à respirer aux petites heures du matin, il avait composé le numéro 911. Vingt minutes plus tard, il était conduit à l'hôpital Charles Lemoyne. Puis, pendant les jours qui ont suivi, des examens, des prélèvements, des prises de sang, puis le diagnostic : carcinome embryonnaire métastatique, cancer.

– En êtes-vous certain?

Le médecin n'osait pas répondre à nos questions. Nous avons dû insister pour qu'il nous dise la vérité. Je ne sais pourquoi, mais nous ne comprenions pas comment notre garçon qui ne s'était jamais plaint de quoi que ce soit, pouvait être ainsi condamné.

– Il ne pourra plus travailler.

Son travail était toute sa vie. Je regardais le visage d'Ameer et j'écoutais attentivement. À mesure qu'il parlait, je voyais tous ses rêves s'écrouler. Je pleurais au dedans de moi. J'ai ressenti alors une douleur qui, je crois, ne m'a pas encore vraiment laissée. Puis le médecin a ajouté :

– Nous lui donnons quelques mois, à condition qu'il suive le traitement de chimiothérapie.

Notre grand garçon allait mourir et j'étais impuissante. Je crois qu'à ce moment-là, rien n'était plus comme avant et je m'attardais souvent à des détails que j'aurais sans doute ignorés précédemment.

Comme par le passé, nous allions le guider à travers ces mois difficiles de traitement, sachant que cela ne ferait que prolonger sa vie. Nous achetions du temps, et nous le savions. Cette nouvelle nous a tous foudroyés. De chaque côté du lit, Jacques et moi tenions les mains d'Ameer et avons pleuré ainsi ensemble en silence. Nous avons alors convenu de le reprendre à la maison pendant ses traitements.

Ameer, lui, parlait de convalescence, de guérison... et j'ai adopté le même vocabulaire. Je ne lui ai plus jamais mentionné le diagnostic de départ. À Noël, nous avons vidé son appartement à Montréal. Il aurait été trop onéreux de garder le logement inoccupé.

Notre fils était autonome et vivait dans un appartement depuis dix ans. Il a dû lui être très difficile de renoncer à son indépendance et d'accepter de revenir vivre à la maison.

Pendant plusieurs mois, il passait une semaine à l'hôpital, ensuite une semaine à la maison. À cela s'ajoutaient de courts séjours chez des amis qui lui permettaient de continuer à vivre normalement. Nous luttions ensemble. Notre famille suivait pas à pas son voyage de non-retour. Chacun à sa façon essayait de lui rendre la vie agréable; Ameer leur remettait bien leurs délicatesses.

Le climat de la maison était très sain et pas du tout déprimant, et Ameer, heureux de connaître davantage ses deux jeunes frères cadets. Sébastien n'était pas encore né quand Ameer avait quitté la maison et Mathieu n'avait que six mois. Dix mois ont suffi pour qu'une belle amitié se tisse entre eux. Les enfants lui apportaient des moments de joie et beaucoup de divertissements. Au début, ils pouvaient jouer ensemble dehors, Ameer était devenu un camarade de jeux. Parfois, il était alité et alors ils me demandaient ce qu'avait leur grand frère. J'ai toujours été franche avec eux, leur répondant que c'était un cancer qui le rendait si malade.

Nous avions transformé la salle à manger en studio pour Ameer. Le soir, Sébastien s'assoyait près de lui et lui lisait une histoire. Les paroles d'Ameer se faisaient toujours encourageantes :

– Tu lis bien. Oui, continue.

Je les regardais et je me demandais comment, le moment venu, j'expliquerais la mort d'Ameer à Sébastien. Pour l'instant, nous restions sur le chemin de la vie le plus longtemps possible. Nous essayions d'être heureux ensemble, de jouir du présent, des instants de paix, sans penser au lendemain. Il n'avait que vingt-huit ans. Peut-on trouver un sens à la mort d'un homme si jeune? Brusquement la mort faisait irruption dans ma vie, ce qui m'était inconcevable.

Je me préoccupais des réactions des autres enfants. Dominique avait dix-neuf ans; elle a sangloté lorsque nous lui avons appris la nouvelle et, comme moi, je pense qu'elle a enduré sa souffrance en silence. Ensuite, elle lui a apporté soutien et réconfort dans la joie. Je me souviens d'une journée chaude de l'été; elle gardait la maison et Ameer était resté en pyjama, alité. Par sa finesse d'esprit, elle réussissait à lui remonter le moral. Je crois qu'il se prêtait volontiers à son jeu, dans le but de ne pas lui déplaire. Enfin, ce jour-là, elle lui avait aménagé un coin dans le jardin avec l'aide des petits. À notre retour, nous les avons tous retrouvés riant dans la cour : Ameer, lunettes de soleil sur le nez, vêtu d'un bermuda, était couché sous le parasol coloré, couverture et oreillers en guise de reposoir, seau rempli de glace, boissons exotiques à la main, casquette pour recouvrir son crâne nu. C'était merveilleux! Nous étions amusés du changement. Ce moment de détente avait fait beaucoup de bien à Ameer et, quelques instants durant, il semblait aller mieux. Dominique avait pris des photos sur lesquelles Ameer riait. Il était beau.

Les mois qui suivirent furent ainsi remplis de petits miracles et de retours à la réalité. Ameer ne guérissait pas. Dominique voulait le sauver, mais n'y parvenait pas. J'appréciais tous ces efforts, qui mettaient de la joie dans la maison. Ces gestes simples, gratuits, compatissants, devenaient une pluie rafraîchissante. Ils purifiaient l'air et me redonnaient de l'énergie.

La réaction de Parbin a été différente. Habitant Montréal, elle ne vivait pas le quotidien, ne suivait pas l'évolution de la maladie de la même façon. Quand Ameer était à l'hôpital, à Brossard, elle ne voulait pas aller lui rendre visite. Elle se sentait très mal à l'aise en sa présence. Je crois qu'elle était incapable de trouver des mots de réconfort. À vingt-quatre ans et en amour, elle avait du mal à accepter la mort; elle souffrait aussi de savoir et fuyait les occasions de lui parler en tête-à-tête : «Je ne sais pas quoi lui dire», me confia-t-elle.

Au début, Ameer allait à Montréal, il ne voulait pas suivre son traitement de chimiothérapie à Ottawa. Lentement, le changement s'effectuait en lui; il s'accrochait à la prière et, tant que ses forces le lui ont permis, il s'est rendu à l'église. À Ottawa, il s'était fait des amis qui allaient le voir régulièrement. Je me suis alors rendu compte que, dans notre épreuve, les voisins étaient compatissants. Je travaillais encore et, souvent, des amis, des voisins apportaient des plats préparés afin de me soulager. Cette solidarité me réchauffait le cœur. Parfois, je pleurais de gratitude, et je les trouvais extraordinaires d'être aussi sensibles à notre malheur. J'avais l'impression que d'autres personnes souffraient avec nous, que le fardeau était ainsi moins lourd à porter. J'avais peur, mais quelque part en moi, il y avait une force qui me surprenait. Je cachais à Ameer mes moindres doutes. Le temps qu'il nous restait à passer ensemble était si désespérément compté.

Pour Mathieu et Sébastien, le retour de leur grand frère signifiait d'agréables moments à partager avec leur héros. Ils adoraient leur frère si amusant. Je me demandais ce qui se passait dans leur petite tête. Je crois qu'ils ne comprenaient pas vraiment le sens du mot cancer, sinon que, dans le cas d'Ameer, ce n'était pas une maladie ordinaire, guérissable.

Nous nous efforcions d'être positifs et avions décidé de toujours être honnêtes avec eux. Nous attendions leurs questions. Je n'avais pas préparé de réponse. Je me disais que je saurais leur parler, que je trouverais les mots.

Ameer était bon et très patient à leur égard. Il essayait peut-être de reprendre du temps ou de s'assurer qu'ils se souviendraient toujours de lui. Entre les séjours à l'hôpital et les retours à la maison, ils s'aimaient. J'étais heureuse de les voir bâtir une amitié sincère. À Sébastien il disait :

– Viens t'asseoir sur mon lit, viens lire, je vais t'écouter. Puis, il l'encourageait :

– Tu lis très bien.

Mathieu et Jacques travaillaient sur la table de la chambre d'Ameer. Il était très évident qu'il aimait leur présence. Il nous souriait quand on s'approchait de lui. Il ne s'est jamais plaint du bruit que pouvaient faire les enfants dans la maison. Au contraire, il aimait être entouré. Mathieu se faisait un plaisir de lui apporter de l'eau, du «boost». Il accourait dès que son frère voulait quelque chose.

Nous étions tous très présents à ses moindres besoins. Parce que sa chambre se trouvait à un point central de la maison, nous pouvions nous parler constamment. Que lui restait-il à espérer? Il prenait plaisir au début à aider à la cuisine, quand ses forces le lui permettaient. Il nous arrivait d'oublier qu'il était très malade; il avait l'énergie de la jeunesse. Pourtant, traitements et médicaments ne produisaient point de miracle. Et Sébastien me demandait :

– Est-ce qu'il est guéri maintenant?

Et toujours je répondais que les soins pouvaient améliorer la vie d'Ameer, mais qu'ils ne le guériraient pas. Nous nous préparions, nous vivions lentement son départ. Parfois, il semblait si bien que je croyais moi-même à un miracle. Je le souhaitais tellement!

Pendant quelques mois, je l'ai trouvé relativement actif, il faisait des promenades, pouvait jouer au tennis avec ses frères, il s'amusait. Mais rapidement, j'ai observé des changements, ses forces l'abandonnaient, il perdait l'appétit, maigrissait. Durant plusieurs semaines, Ameer était devenu également le professeur de piano de Sébastien.

J'ai compris qu'Ameer essayait de nous laisser de l'espoir. Il souriait même quand il souffrait.

En mai, l'équipe médicale nous a demandé de la rencontrer et nous a annoncé :

– Les deux traitements de chimiothérapie ont ralenti l'évolution du cancer, mais celui-ci progresse toujours. Les effets secondaires, dont des complications rénales et l'anémie qui le force à recevoir des transfusions sanguines de plus en plus fréquemment, deviennent aussi débilitantes que le mal lui-même. Nous recommandons d'arrêter les traitements. Nous avons tout essayé. Maintenant, il a besoin de soins palliatifs qui l'aideront à soulager ses douleurs.

Les médecins nous remettaient notre fils. Ameer était épileptique et il avait recommencé à avoir des absences, ses médicaments n'avaient plus d'effet.

Nous avons alors pris la décision de transférer son dossier médical à Hull. Il y recevait ses transfusions et un certain contrôle de sa médication. Même à ce stade, Ameer me disait qu'il allait guérir. Il voulait que j'y croie aussi. Il me demandait souvent :

– Est-ce que tu crois au miracle ?

J'hésitais avant de répondre et je répliquais :

– Je souhaite de tout mon cœur que tu guérisses. Il est possible que certaines personnes très malades se remettent, mais c'est plutôt rare.

J'ignore encore pourquoi il me posait souvent cette question, même la semaine de son décès. Pourtant, il savait. En mai, il avait confié à son meilleur ami qu'il ne lui restait pas beaucoup de temps, qu'il allait mourir. Avec moi, il n'a jamais tenu de tels propos. Il parlait de la vie.

Nous n'habitions Orléans que depuis quelques mois et, malgré ce déménagement, nous ne nous sommes jamais sentis seuls dans cette épreuve, comme si quelqu'un veillait sur nous. À l'instant précis où j'avais besoin de réconfort, des gens, que je ne connaissais pas, venaient m'offrir exactement le soutien qu'il me fallait. Ameer s'était fait des amis au cours de rencontres de prières et ces personnes nous donnaient leur amitié. Ils ont apporté des repas, des gâteaux, ils sont venus chanter et même jouer du violon. Ameer aimait beaucoup le violon. Grâce à son attitude, il a attiré les gens autour de lui jusqu'à la fin.

L'été approchait. Ameer perdait ses forces et nous lui avons offert de passer l'été au chalet. La pêche le passionnait et, le 17 juillet, nous sommes partis pour Baldwin Mills. J'avais dit aux plus âgés qu'ils devaient s'efforcer de passer du temps avec lui. Je ne savais pas quand ils pourraient le revoir. Pendant les vacances, trois des enfants travaillaient et étaient restés à Ottawa. J'espérais que leur cœur avait pris des photos d'Ameer au cours de l'hiver. Je sentais leur attachement et je savais qu'ils avaient beaucoup de peine. Nous étions tous très forts et nous ne laissions rien transparaître. Je crois qu'ils pleuraient eux aussi, lorsqu'ils étaient seuls.

Au chalet, j'avais fait le tour des recettes préférées d'Ameer; pourtant, ces attentions ne servaient à rien, car il avait perdu le goût et digérait très difficilement.

Souvent l'après-midi, je plaçais sa chaise longue sous les bouleaux afin qu'il puisse regarder la montagne. Il me demandait son appareil stéréo et je m'assoyais près de lui pendant plusieurs heures. Nous écoutions la musique ensemble. Il parlait très peu et, dès qu'il s'adressait à moi, je l'écoutais avec toute mon attention. Accompagné de sa musique spirituelle, je le sentais se rapprocher de plus en plus de Dieu et s'éloigner tout doucement de nous. Il somnolait beaucoup. Je le sentais prêt à ...mourir. J'étais déchirée. J'aurais voulu qu'il ne souffre plus et je ne voulais pas qu'il meure.

C'est d'ailleurs durant ces après-midi au grand air que nous avons eu le temps de faire le bilan de notre vie commune. De nous pardonner nos imperfections mutuelles. Il y avait eu des moments douloureux pendant son adolescence, des crises restées sans explications. Nous nous confessions et pleurions main dans la main ces moments d'incompréhension réciproque. Il était assez grand pour comprendre qu'il n'est pas facile d'aimer. Maintenant, toutes nos disputes passées nous apparaissaient inutiles et futiles.

L'été avançait, notre fils passait de plus en plus de temps étendu sur une chaise et de moins en moins à s'amuser. Je fus attristée quand Sébastien me dit un jour : «Il est rendu ennuyant Ameer, il ne veut plus jouer avec nous». Je ne fus pas capable d'articuler un mot. Il venait de me rappeler que l'horloge s'arrêterait bientôt. Puis, autour du feu de camp ce soir-là, j'ai parlé de la mort prochaine d'Ameer.

– Maintenant, il a besoin de nous tous. Il est très malade et nous devons l'aider en lui donnant chacun de notre attention et en étant très gentil.

– Est-ce qu'il va mourir?

– Oui, et je crois que ce sera bientôt. Il souffre beaucoup et ses médicaments le soulagent. Il doit beaucoup dormir et il n'a plus d'énergie pour jouer.

C'était à la fin juillet.

Depuis notre arrivée au chalet, nous recevions quotidiennement une visite médicale. Nous étions privilégiés d'avoir un médecin dans la famille. Fidèlement, son oncle Gilles lui apportait un peu de réconfort, en ami. Ameer s'accrochait, il est devenu dépendant de ces visites médicales amicales qui lui étaient très bénéfiques et le rassuraient. Nos familles Lussier et Bouchard ont été très attentives et dévouées. Nous nous étions rapprochés d'elles en venant au chalet et, pour Jacques et moi, elles nous étaient d'un soutien incroyable.

Son corps le boudait. Ses organes vitaux étaient touchés. Ses pieds, si enflés, avaient doublé de volume : il ne pouvait plus porter de souliers ni de pantoufles. Son ventre devenait une bosse dure, ses urines, de la couleur du coca-cola, annonçaient la mort. Il respirait de plus en plus difficilement, ce qui le forçait à rester constamment en position assise. Nous observions tous la mort s'infiltrer lentement dans son jeune corps et lui, encore mieux que quiconque, la ressentait de près.

Nous ne voulions pas d'acharnement médical, mais un contrôle de la souffrance du malade, et nous sommes reconnaissants à Gilles de nous avoir procuré cet accompagnement.

Je refusais de prendre des dispositions en vue des funérailles. Il y avait quelque chose en moi qui résistait, comme si, en le faisant, je signais l'arrêt de mort d'Ameer. Nous en discutions Jacques et moi; nous savions que les enfants auraient besoin de notre présence et qu'il serait difficile de les quitter, même brièvement. Finalement, le matin du 14 août, je ne sais pourquoi, je compris clairement qu'il nous fallait faire les démarches auprès du salon mortuaire. Très tôt, j'ai demandé à ma sœur Rachel de venir s'occuper d'Ameer et des trois enfants qui dormaient encore. Nous avions apporté un téléphone cellulaire, en cas de besoin. Ameer avait de la difficulté à respirer, il laissait échapper un bruit inquiétant, un râle. Nous savions qu'il ne restait plus beaucoup de temps. À peine arrivés au salon, le téléphone a sonné. Ameer éprouvait de plus en plus de difficulté à respirer et les enfants étaient nerveux. Nous sommes revenus en toute hâte.

À notre retour, il somnolait. Ma sœur a emmené les deux garçons avec elle. Ma fille préférait rester chez une amie. C'est la seule journée de l'été pendant laquelle ils se sont absentés. Jacques et moi avions décidé de passer la journée seuls avec lui et de leur donner congé. Avant leur départ, je me souviens d'un détail. Même s'il était très faible, Ameer m'a demandé de voir les enfants, ce qu'il n'avait pas l'habitude de faire. Je me rappelle très bien aussi ce qu'il a dit à chacun d'eux :

– Bonnes vacances, mon petit Sébastien, je te reverrai demain.

Et à Mathieu :

– Salut, mon ami, à demain.

À Jennifer :

– Amuse-toi bien, mon petit pou.

Puis nous sommes demeurés à ses côtés. Toute la journée, il voulut que je reste assise tout près de lui. Jamais il ne m'avait fait une telle demande. Il me tenait constamment la main. Il sommeillait et, aussitôt que je lui laissais la main, il me demandait où j'allais, comme s'il avait peur que je ne sois pas là, que je l'abandonne. Il parlait lentement et respirait péniblement. Il y avait quelque chose de différent cette journée-là, je le ressentais. Puis, vers deux heures de l'après-midi, à ma grande surprise, il m'a demandé :

– Tu sais, mon histoire, celle que tu as écrite, je veux que tu me la lises maintenant.

– Tu es très fatigué aujourd'hui, Ameer, peut-être, demain.

– Non, je veux l'entendre tout de suite.

Je fus un peu surprise car, à quelques reprises pendant l'été, je lui avais offert de la lui lire, mais il ne se sentait pas prêt. J'ai soudain compris l'urgence. J'ai ouvert mon cahier et commencé la lecture. J'avais du mal, les larmes embrouillaient les mots. Je savais que ce serait ma dernière lecture pour lui. Il gardait les yeux fermés, me tenait la main. Si je m'arrêtais pour lui demander s'il dormait, il disait :

– Continue, n'arrête pas.

Il était très conscient et à l'écoute. Lorsque je suis arrivée à la fin, il m'a dit péniblement :

– Merci... c'est beau.

Durant la journée, il semblait souffrir davantage. Il se plaignait de douleurs atroces. Ce soir-là, on a remplacé les comprimés par un « timbre » qui devait être plus efficace et moins pénible pour le patient qui ne pouvait plus avaler. Nous passions à une autre étape. À dix-sept heures, Ameer remercia son cousin Guy de lui avoir interprété une chanson. Il a tenu à lui remettre un cadeau... son dernier cadeau, une cassette de chants de Lyle Johnson intitulée Sail Away. Jusqu'à vingt-trois heures, nous avons pu lui parler et il répondait. Puis le rythme de son cœur s'est ralenti. Il ne répondait plus. D'un geste lent, il a retiré son masque d'oxygène. Jacques et moi lui tenions la main chacun de notre côté. Nous lui avons dit combien nous l'aimions, puis nous lui avons donné la permission de partir.

Ameer nous a quittés à minuit cinq, le 15 août 1998. Nous l'avons accompagné, impuissants. Pendant ces mois, mon fils m'avait enseigné le courage. Je l'ai admiré pour sa sérénité et son sourire, qu'il a su conserver jusqu'au dernier souffle.

Au salon mortuaire, nous ne voulions pas prendre de photos d'Ameer. Nous ne désirions pas garder une image inanimée de lui, mais une image vivante. Nous souhaitions nous souvenir de son magnifique sourire, de notre dernier Noël. Nos cœurs n'avaient-ils pas déjà pris des tas de photos irremplaçables depuis les dix derniers mois? Chacun s'y reporterait. Je disais aux enfants :

– Lorsque vous vous ennuierez de lui, vous fermerez les yeux et ces images vous consoleront.

J'implorais souvent ma mère décédée. Je lui demandais de me donner la force de continuer et d'aider les autres enfants à traverser l'épreuve, à leur apprendre à côtoyer la mort sereinement et à m'aider à trouver les mots d'encouragement pour chacun d'eux.

Les semaines qui ont suivi le décès d'Ameer furent tristes. Tout nous rappelait sa présence. Nous devions ouvrir son courrier, répondre aux vœux de sympathie.

Fatiguée, je manquais d'énergie. Nous sommes retournés à Orléans et avons attendu quelques semaines avant de défaire sa chambre. Il était important, je crois, de prendre le temps d'accepter notre peine. Nous avons tous vécu notre deuil, chacun à notre façon. J'avais besoin de parler d'Ameer, de réfléchir. J'ai repris le travail en octobre seulement. Jacques trouvait la paix dans la solitude et, les fins de semaine, il s'évadait le samedi dans le parc de la Gatineau. Parbin se sentait très loin et seule devant l'épreuve; heureusement, son conjoint était près d'elle pour la consoler. Jonathan a fait faire un médaillon portant l'inscription : Ameer 1969-1998. Dominique s'activait, elle avait peur de manquer de temps, elle aussi. Myriam est restée silencieuse, elle a gardé ses impressions. Jennifer refusait de parler de ses sentiments, elle ressentait un vif malaise; si j'essayais de lui parler d'Ameer, elle m'arrêtait. Mathieu faisait des cauchemars, il avait peur de s'endormir, de mourir. Au matin, nous le retrouvions recroquevillé dans le lit de sa sœur ou de Sébastien. Nous l'avons inscrit à un groupe d'aide aux enfants qui ont connu une perte. Il a fréquenté ce groupe pendant quelques semaines. Sébastien, depuis, a commencé à suivre des leçons de piano et y met tout son cœur. Nous lui avons donné le clavier qu'Ameer utilisait. Enfin, le temps cicatrise lentement notre blessure.

Chaque matin, maintenant, je suis reconnaissante à la vie de m'accorder une nouvelle journée comme si je naissais à nouveau.

À la messe de requiem, j'ai rendu hommage à notre fils; en voici le texte intégral :

Ce matin, Ameer, nous te reconduisons avec toute notre affection à ton point de départ. Nous avons voulu te ramener à Stanstead, parmi ceux qui t'ont accueilli en

1977 avec tant d'amitié, afin qu'ils puissent eux aussi te dire au revoir.

Tu n'avais que huit ans alors, lorsque tu es entré dans nos vies. Dès ton arrivée, tu as su marquer notre cœur par ta personnalité attachante et nous charmer par ton ardeur et ton exubérance.

La vie n'a pas été généreuse à ton égard, je dirais même qu'elle s'est montrée très mesquine en te privant de tes parents trop tôt, au moment crucial où tu avais tant besoin d'eux. La vie est si fragile à cet âge et tu en es resté marqué dans tes racines profondes.

Sans parents et abandonné, tu t'es retrouvé dans les rues de Dacca, au Bangladesh. Comme cela a dû être pénible de souffrir de la faim et de vivre sans abri. La malnutrition a été ton sort. La Croix-Rouge internationale t'a recueilli dans un état comateux. Tu t'es accroché à la vie et, après sept mois d'hospitalisation, on t'a confié à l'orphelinat de Familles pour enfants, à Dacca. C'est alors que nos routes se sont croisées, que tu as été placé sur notre chemin. Cette rencontre restera toujours un mystère pour nous.

Ameer, en t'ouvrant notre maison, nous avons voulu modifier la trajectoire de ta vie, sachant très bien que ce serait exigeant. Aujourd'hui, nous te remercions, car ta présence nous a fait grandir. Nous n'avons pas été des parents parfaits et nous avons sûrement commis des erreurs, mais nous avons essayé de notre mieux.

Ton adolescence a été marquée par des périodes de révolte face à ton passé qui te hantait, mais tu avais la volonté ferme de comprendre le sens de ta vie. Cette recherche n'a pas été facile, car tu exigeais de la vie qu'elle te remette des dividendes. Toujours avec la même ardeur et la même exubérance, tu étais en quête du bonheur qui t'échappait.

Comme parents, nous étions fiers de toi parce que tu n'as pas eu recours à la drogue ou à la boisson pour soulager ton amertume face à la vie. Pour cela, tu restes un exemple pour tes jeunes frères et sœurs, tes cousins, tes amis et tu as toute notre admiration.

Puis, quelque part sur la route tu as trouvé une clef, celle qui allait ouvrir ton cœur à la dimension spirituelle de ta jeune vie. Tu as rencontré Celui qui allait te libérer de tes souffrances passées et te faire naître à nouveau. Et avec la même ardeur et le même enthousiasme qu'autrefois, tu t'es ancré à ta vie spirituelle et tu n'as plus rien exigé en retour. Tu t'es élevé si haut toi-même que nous avons pu voir la transformation. Comme parents, nous étions heureux de constater que tu avais enfin trouvé la paix intérieure et la sérénité. Tu venais de faire la découverte du bonheur. Tu sais, Ameer, il était là pendant tout ce temps, bien caché au fond de toi-même. Tu as voulu parler de ta découverte avec tant d'ardeur et tant de conviction. Je crois que tes frères et sœurs et tous les jeunes qui t'ont accompagné pendant ta maladie s'en souviendront.

Tu avais alors appris à pardonner à la vie. Tu t'es réconcilié avec toi-même. Tu te sentais prêt maintenant à fonder un foyer et à avoir des enfants quand, en novembre dernier, ton corps t'a encore trahi. Le cancer t'a terrassé. Pendant dix mois, avec la même ardeur et la même force qu'autrefois, tu t'es battu contre le cancer. Tu t'es réfugié dans la prière, et la Bible a été ton inspiration, te donnant le courage d'accepter le chemin que le Seigneur t'indiquait.

Ameer, ce fut un privilège de t'accompagner et je remercie Sébastien, Mathieu, Jennifer, Myriam, Jonathan, Dominique et Parbin de leur soutien et de leur délicatesse à ton égard. Ils t'ont offert, chacun à leur façon, des petites joies quotidiennes et tu as su les apprécier. Je te remercie aussi de tes bontés envers eux. Vous avez créé des liens très étroits pendant cette période difficile. Tu as voulu, à travers tes gestes, qu'ils sentent ta bonté, ton amour. Tes frères et sœurs sont devenus pour toi, à ce moment-là, les enfants que tu souhaitais.

En toute humilité, Jacques et moi aujourd'hui remercions le Seigneur de t'avoir mis sur notre route; nous le remercions aussi d'avoir eu le privilège de t'accompagner jusqu'aux derniers moments et nous lui demandons de nous protéger.

Chers parents et amis, votre bonté à l'égard de notre famille pendant ces derniers mois nous a touchés. Nous voulons vous remercier de votre fidèle amitié et de votre sincérité.

Au nom de tous les enfants, au nom de tes amis, nous te disons au revoir Ameer, Jacques et moi t'aimons et t'aimerons toujours.

Chapitre III

Dominique

Tu es notre première enfant biologique et tu es née à Sept-Îles, le 6 décembre 1978. Tu te retrouves, tout de même, la troisième de la famille après Parbin et Ameer.

Chère Dominique au cœur tendre. Tu essaies, par des gestes concrets, de nous dire combien tu nous aimes.

À la naissance de Jennifer, tu es venue frapper à ma chambre, m'apportant un cadeau pour le bébé. Tu n'avais pas encore tes cinq ans et comme je te trouvais généreuse! Tu avais minutieusement enveloppé une petite couverture jaune dans du papier journal et tu l'offrais maintenant à ta jeune sœur. C'était ton bien le plus précieux. Depuis ta naissance, elle t'avait entourée; tu la caressais; elle est devenue la compagne de tes rêves. Vous ne vous quittiez jamais et voilà que, par affection, tu la léguais.

Tu étais si sincère! J'ai accueilli ton cadeau avec beaucoup de respect et de gratitude. Oui! J'étais fière de toi et je pressentais que tu deviendrais une alliée, un soutien. Tu étais le plus beau cadeau que la nature puisse offrir aux amants. L'enfant créé dans l'amour est une bénédiction, une grande joie et c'est dans cette atmosphère que nous voulions que tous nos enfants biologiques soient conçus. Je t'ai portée dans la contemplation. Pendant neuf mois, tout fut nouveau pour moi, je m'inquiétais du moindre changement.

Comme j'étais éloignée de ma famille, je ne pouvais compter sur l'expérience des douze maternités de ma mère, ni de celles de mes sœurs. Je me suis donc retrouvée à la librairie, achetant des volumes et les consultant à chaque nausée. Je voulais tout savoir, tout apprendre, tout comprendre. J'étais heureuse mais nerveuse devant l'inconnu. Je voulais être parfaite. J'essayais de te donner toutes les chances d'être une nouveau-née en bonne santé. N'était-ce pas te laisser un bel héritage? Par amour déjà, je choisissais avec précaution tout ce que je mangeais, bannissant café et stimulants, refusant tout médicament. Ameer était épileptique et Parbin avait une paralysie cérébrale. Je savais aussi que je ne pouvais pas tout contrôler et que, malgré ma bonne volonté et mes efforts, tu aurais pu naître avec des anomalies. Si cela était arrivé, je l'aurais accepté. «Repos, exercices et bonne alimentation» était devenu une devise. Jacques, plus discipliné, était mon entraîneur. Fidèlement, nous nous rendions aux cours prénataux afin de nous préparer au grand jour.

Je rêvais d'un accouchement sans douleur, j'y ai cru. Aujourd'hui, je reconnais ma naïveté d'alors. Je caressais tendrement mon ventre, conversant silencieusement avec toi; nous étions de bonnes amies. Je ne savais pas encore si tu étais une fille ou un garçon, mais ton nom était déjà choisi. Dominique ou Dominic. Il convenait parfaitement. Pendant neuf mois, tu as été témoin de mon intimité. J'essayais de toujours être à ton écoute. Nous t'avons emmenée en voyage à Blanc Sablon, à bord du Fort Mingan. Tu n'en savais rien, mais ce fut un très beau voyage. Nous nous disions qu'il faudrait initier tous les enfants aux voyages, car nous estimions que c'était une valeur importante à leur transmettre.

Parbin était alors âgée de quatre ans et demi et ne se rendait pas trop compte de ce qui se passait. Ameer était émerveillé et enchanté de me voir grossir, sachant que, bientôt, il aurait sa petite sœur «blanche». Depuis son arrivée, il me la demandait. D'ici quelques mois, je le comblerais. Il avait si peur que je meure. Il s'inquiétait. Il se souvenait de sa mère au Bangladesh, décédée à la naissance d'un enfant. Il était traumatisé à cette idée.

Je m'affairais à préparer ta place. Je bâtissais ton nid tout près du mien, convertissant ma garde-robe en pouponnière. Tu annonçais ta venue prochaine. De plus en plus tu imposais ta présence. Je sentais tes bras et tes pieds qui s'agitaient vigoureusement. Il était merveilleux de prendre ainsi part à la vie qui se manifestait. J'étais heureuse d'être femme, de porter la vie en moi. J'essayais d'expliquer à Jacques tout ce que je ressentais, mais les mots restaient impuissants.

Avec douceur tu t'es annoncée le matin du 5 décembre, comme le visiteur bien élevé qui demande poliment s'il peut venir chez toi.

Ce matin-là, la nature nous accompagnait dans sa magnificence. Le soleil irradiait; des millions de flocons de neige scintillaient et valsaient au rythme de ton cœur. C'était extraordinaire. Nous nous tenions par la main, observant ce spectacle par la fenêtre de la chambre d'hôpital... nous t'attendions. Nous étions transportés, émus, témoins de l'œuvre de la création dans toute sa splendeur. Nous étions régulièrement distraits par tes élans de vitalité; ton désir de plus en plus persistant de naître. Ton père, armé de son crayon, enregistrait religieusement chaque contraction en précisant l'heure, la durée. Tu as tant hésité à venir qu'il a pu remplir plusieurs pages de statistiques. Tu es finalement née dix-sept heures plus tard, le 6 décembre, à minuit trente précisément. C'est Jacques qui le dit, qui l'a écrit!

Pendant dix mois, je t'ai allaitée. Tu as marché à dix mois et demi. Déjà je voyais ta détermination, ton assurance et ton indépendance. Nous nous émerveillions devant tes finesses, tes grimaces. Tu es vite devenue la poupée de Parbin. Aucune «Barbie» ne t'égalait. Ameer baladait sa petite sœur blanche. Ta présence était source de joie, tant et si bien que nous avons décidé de rappeler la cigogne.

Puis tu es allée à l'école, le temps a passé si vite. Comme jeunes parents, nous accueillions chaque brico-lage avec enthousiasme et admiration. Très tôt, tes écrits nous ont fait rire. À onze ans, le 13 mai 1990, tu me remettais ce texte.

> *Mom*
> *Your are dear darling adorable mom*
> *I love you more than pork chops, potato chips or*
> *chocolate candy. That's cause you're my only,*
> *lovely mom*
> *Dominique*[1]

Malgré ton jeune âge, tu étais responsable et je pouvais te confier les enfants pendant quelques heures. Étant très vive, tu savais les occuper et surtout les sur-veiller comme une bonne sentinelle. Si tu savais comme ces moments de répit nous faisaient du bien. Tu étais vaillante et nous appréciions toujours les efforts que tu déployais pour amuser les plus petits et assurer leur sécurité pendant notre absence. Ta réputation de gar-dienne avertie est parvenue aux oreilles des voisins qui demandèrent tes services, te procurant l'argent de poche, si nécessaire à l'adolescence. C'est ainsi que tu as appris à faire un budget et à devenir peu à peu autonome. Je dois dire que tu prenais la tâche très au sérieux.

J'ai conservé quelques courts messages qui nous attendaient à notre retour. Chaque note était plutôt amu-sante. Tu nous faisais le compte rendu de tes soirées avec les petits. Tout en grandissant, tu continuais à nous surprendre, à nous émerveiller!

---

1.   Maman, tu es adorable, je t'aime plus que les côtelettes de porc, les croustilles ou le chocolat, parce que tu es mon unique et charmante mère.

Chers maman et papa,
Il y a une lettre pour vous sur la table. Mais
avant de la lire, regardez l'heure.
   Love
      Dominique

C'était sans doute ta façon de nous dire que tu tenais à être payée. Puis sur la table, nous retrouvâmes ta note :

Chers maman et papa,
   La soirée s'est bien passée et, croyez-moi ou non, Jonathan a été très aidant. Comme souper nous avons mangé des muffins anglais avec du fromage, des œufs, du poulet pressé et le reste des fruits de mer (pitoune), des carreaux au rice krispies et le reste de la pizza. J'espère que vous êtes d'accord. Jonathan, Myriam, Jennifer et Mathieu ont pris un bain. Oh! Pardon, un bain de mousse. Je suis allée me coucher à 9 heures 30 (comme d'habitude). Vous me devez un dollar de plus parce que j'ai perdu une dent. Faites attention! Mathieu a cassé un verre dans l'évier.
   Love,
      Dominique

Nous comprenions que la soirée avait dû être difficile.

Une autre fois, tu écrivis :

Chers maman et papa,
   ... Nous avons mangé du popcorn dans le bain, nous n'avions pas le temps de faire les deux (le bain et le popcorn) alors, nous avons fait les deux en même temps. Nous avons tout nettoyé ensuite. Après le bain, nous nous sommes amusés les quelques minutes qui restaient, de façon à ce

que Jennifer lise des histoires à Mathieu. Myriam
a mangé deux bananes. C'était amusant.
Bonne nuit,
> *Dominique*
J'ai commencé à garder à 19 heures :
J'ai arrêté de garder à : _____
Pouvez-vous compléter cette feuille. Je ne veux
pas perdre un sou.

Je dirais que tu as beaucoup de leadership. Tu peux rallier et motiver assez facilement les gens qui t'entourent. En 1989, nous discutions d'un projet de voyage en famille. Cette idée avait surgi un soir où nous écoutions une présentation de Walt Disney. Jacques et moi avions l'habitude de nous asseoir avec tous les enfants et d'écouter cette émission en mangeant des croustilles; c'était devenu une heure sacrée, un rite. Un jour, on vous a mentionné que le château présenté au début de chaque émission existait vraiment et qu'il était possible de le visiter. Vous étiez estomaqués, il fallait y aller, disiez-vous. Nous voulions trouver un moyen de vous faire participer au coût du voyage. Puis, tu t'es mise à planifier. Tu as eu l'idée de devenir camelot. Deux hebdomadaires locaux, *Le Brossard Éclair* et *Le Courrier du sud* ont accepté votre offre de services. Les journaux nous étaient remis en début d'après-midi. Jennifer et moi plaçions les circulaires dans chaque journal et préparions les piles que les plus grands distribueraient à leur retour de l'école. Tu gérais les opérations. Tu avais acheté un grand carton sur lequel tu avais dessiné un thermomètre gradué avec l'objectif à atteindre. À chaque paie, le thermomètre montait, au grand plaisir de tous. Vous aviez fixé à cent dollars par enfant la contribution aux frais du voyage. Nous avons vraiment travaillé en collaboration. Nous consultions des revues et, lentement, le projet devenait réalité.

Nous avons fidèlement distribué les journaux. Le plus difficile a été de persévérer. J'ai dû accompagner les enfants mais, le plus souvent, c'était toi qui motivais Jonathan. Chacun tirait une voiturette débordant de journaux et vous faisiez route ensemble, vous assurant de procéder avec méthode; l'un distribuait aux maisons ayant un numéro pair et l'autre aux numéros impairs. Myriam et Jennifer vous accompagnaient et couraient aux portes pour y déposer le journal. Tu étais patiente avec Jennifer. Elle était souvent trop petite et tu devais la lever dans tes bras pour lui permettre de déposer le journal dans la boîte.

Lorsque le premier chèque est arrivé, nous avons décidé de vous réunir autour de la table de la cuisine et de vous demander de trouver une façon de remettre à chacun son dû. Jacques avait touché le chèque de trente-cinq dollars en coupures de un dollar. Puis il déposa le paquet d'argent au centre de la table sous les yeux ébahis et ravis de Parbin, âgée de treize ans, de toi, onze ans, de Jonathan et Myriam, neuf ans et de Jennifer, six ans. Mathieu n'avait qu'un an. Vous vous pensiez riches. Vous étiez si charmants. Puis la discussion a commencé. Les plus grands réclamaient un salaire plus élevé sous prétexte qu'ils avaient travaillé davantage. La discussion s'animait. Finalement, nous vous avons demandé de fixer le montant que chacun estimait mériter pour son travail. On a fait un premier tour de table. Parbin, toi, Jonathan et Myriam avez pris cinq dollars chacun. Jennifer, patiemment, attendait son tour puis, tout bonnement, dit : «moi, je veux un dollar.» Elle avait travaillé avec toi. Et c'est à cet instant que la magie de la fraternité s'est opérée. Vous avez tous remis vos cinq dollars au centre et l'opération a recommencé. Tu as suggéré que chacun prenne un billet de un dollar jusqu'à ce que tout le paquet soit distribué. Et il en fut ainsi à chaque paie. Plus le thermomètre grimpait, plus notre rêve se concrétisait.

Pendant toute l'année nous nous sommes concentrés sur notre voyage. Les cadeaux d'anniversaire et de Noël furent choisis en fonction de la préparation : sacs à dos, journal, pochette. En organisant notre périple, nous vous enseignions à vous fixer un objectif et à travailler ardemment pour l'atteindre. Un an plus tard, tu décrochais le thermomètre du mur de la cuisine, notre but était atteint. Nous nous sommes donc envolés pour la Floride le 2 janvier 1990. Les sept jours à Disney World furent mémorables, nous avons eu un immense plaisir. Tu étais prête à essayer tous les manèges, tu guidais et entraînais les enfants avec toi. Tu nous aidais à les surveiller. Toi et Parbin preniez Myriam et Jonathan, je montais avec Jennifer. Au début, j'étais brave mais, dans le Space Mountain, j'ai cru y perdre Jennifer et mon âme. Je suis sortie de là, blanche comme un drap, presque malade. J'avais eu très peur pendant que vous, vous étiez emballés. Jacques avait une bonne excuse, il a le mal de mer, le mal du mouvement depuis sa jeunesse; il surveillait Mathieu pendant nos randonnées de vitesse folle. Puis nous avons rencontré les personnages des bandes dessinées. Vous les connaissiez tous : Capitaine Crush, Mickey, Winnie et d'autres encore... Vous recueilliez leur autographe, nous prenions des photos. En résumé, ce fut une semaine féerique pour tous. Chère Dominique, je crois que ton énergie d'alors a fortement aidé à la réalisation de ce projet et j'espère qu'un jour nous aurons l'occasion de recommencer une aventure similaire. Nous avons beaucoup ri pendant ces sept journées et chacun en a gardé un souvenir inoubliable.

Tu as le sens de l'humour et, même dans les moments sérieux, tu réussis à nous faire sourire. Quand Ameer était très malade, tu nous as soutenus. Ta joie de vivre lui procurait des moments de plaisir. Il aimait parler avec toi. Tu finissais toujours par lui décrocher un sourire à propos de tout et de rien. Je me souviens, c'était en juillet 1998. Nous étions au chalet et tu voulais amener les enfants sur la montagne. Tu avais fait promettre à Ameer de s'asseoir dehors et de vous observer jusqu'au sommet. Tu voulais qu'il participe ainsi à cette activité. Il était très faible. Il se rendit péniblement à sa chaise. J'étais assise à ses côtés et nous vous avons surveillés. Tout à coup, nous avons vu un grand carré blanc se balancer au sommet. Vous y étiez. On entendait l'écho de vos voix. Tu avais eu l'idée d'apporter un drap blanc afin que nous puissions vous voir. Ameer était content. Il souriait. Et il m'a dit : « Ils sont drôles, je les aime. »

Je pleurais. Il m'était difficile d'être ainsi témoin de votre amour réciproque et de m'imaginer la douloureuse séparation qui se rapprochait, inéluctable.

À votre retour, vous aviez hâte de savoir si votre truc avait fonctionné. C'était comme si Ameer vous avait accompagnés. Vous communiez au même plaisir, celui de sentir la brise, le vent, l'odeur pure des hauteurs. Ameer n'aimait-il pas la montagne autant que vous ? Tous les jours, adolescent, il se rendait au sommet afin d'y observer le paysage... de se sentir libre. Vous êtes revenus vainqueurs, contents d'avoir réussi à le surprendre. Vous lui apportiez assurément de la joie durant ses derniers moments.

À une autre occasion, tu veillais sur Ameer et Sébastien. Nous assistions à un match de soccer pas très loin de la maison. Mathieu y jouait et, comme nous ne manquions jamais une partie, nous l'accompagnions. Des visiteurs s'étaient annoncés et tu voulais que nous soyons là pour les accueillir. Ils venaient rendre visite à Ameer. Pour nous rejoindre, tu avais mandaté Sébastien, lui ordonnant de ne pas s'arrêter en route afin de nous livrer rapidement ce message :

Hello there!

This is a very important message. The very known and trusted Sébastien has brought you this message. Nobody was to put their hands on this secret message but you[2] ...

Tu avais pris bien soin de déposer la note dans le soulier de jeu de Sébastien, alors âgé de six ans, pour éviter qu'il ne l'égare. Oui, tu es ingénieuse.

Ta joie de vivre ne t'empêche pas d'avoir une âme délicate. En apprenant la nouvelle du décès d'Ameer, tu t'es reproché de ne pas avoir été présente, de ne pas être arrivée plus vite. Tu étais en route et je t'avais recommandé de coucher à Montréal et de ne venir que le lendemain afin de nous éviter un voyage à Magog. Je te disais que la santé d'Ameer avait empiré et que nous ne voulions pas le laisser seul. Malheureusement, il est décédé ce soir-là. Tu t'es culpabilisée et ma seule façon de t'aider à te libérer a été de te suggérer d'écrire une lettre à Ameer et de la lui déposer dans sa poche. Ainsi, tu pouvais lui dire tous tes secrets les plus intimes, lui faire tes adieux personnels. Il ne les révèlerait jamais. Le lendemain, discrètement, tu lui as glissé ta lettre. Tu te sentais vulnérable toi aussi; tu côtoyais la mort de si près, pour la première fois.

Sportive, tu t'es adonnée à plusieurs activités dont la natation, la planche à neige et l'escalade. Tu es toujours prête à tout essayer. Jeune, tu étais très disciplinée; tu as suivi des cours de natation pendant plusieurs années, puis tu es devenue membre du club de natation Samak,

---

2. Ceci est un message très important. Le très connu et fiable Sébastien vous a apporté ce message. Personne ne devait toucher ou lire ce message, vous excepté.

de Brossard. Tu t'entraînais douze heures par semaine puis, aux Îles-de-la Madeleine, tu es entrée au club Cenim.

À quinze ans, avec tant d'énergie, tu mijotais des projets et tu cherchais à acquérir ton indépendance. Tu voulais nous prouver que tu pouvais réussir toute seule à te payer un voyage à Vancouver. Afin d'atteindre ton but, tu as travaillé comme plongeuse dans un restaurant, puis tu as gardé les enfants. Enfin, tu as monté un projet de jeune entrepreneure. Tu l'as fièrement présenté au directeur de la Caisse populaire des Îles afin qu'il accepte de te prêter 1000 $ pour l'été, en t'engageant à le lui remettre en septembre. Le prêt devait servir à te procurer le matériel de base pour la réalisation du projet, lequel devait, ensuite s'autofinancer. À notre grande surprise, tu avais réussi à obtenir seule ton premier prêt bancaire et à respecter ton contrat. Nous étions fiers de toi. Tu avais fait tes preuves. Nous observions ton sens de l'organisation et nous te laissions planifier.

Le projet consistait à vendre un souvenir des Îles-de-la-Madeleine aux touristes. Nous venions de Montréal et, en arrivant là-bas, nous avions été ravis par le sable, les plages à perte de vue. Tu avais pensé embouteiller du sable et vendre les flacons. Tu avais conçu une étiquette indiquant la provenance et la date, puis avais trouvé quelques dépositaires. Les hôtels locaux et la boutique de souvenirs du traversier Lucy-Maude-Montgomery devenaient ainsi des points de vente. Tu leur fournissais le produit.

Ta chambre était devenue ton atelier de production. Tu y avais installé un grand bac de sable, les cinq cents bouteilles miniatures à remplir, les bouchons de liège, les étiquettes et... tu avais trouvé de la main-d'œuvre à bon marché. Une vraie entrepreneure. Évidemment, tu t'es vite associée à tes jeunes frères et sœurs. Comme ton entreprise ne faisait que débuter, tu leur payais une crème glacée molle à la cantine du coin, une fois les bouteilles remplies de sable. Devant ton grand bac, tu dirigeais les travaux. Tu étais patiente, mais exigeante. Tu les amusais et les gardais au travail. Les enfants, pour la promesse d'une glace, mais aussi pour garder ton affection, remplissaient ardemment les petits récipients. Tu restais fidèle, payais tes employés le juste salaire que tu leur avais promis, pas un sou de plus... pas un sou de moins. En quelques jours, les cinq cents bouteilles étaient remplies, encaissées, prêtes à distribuer.

Tu as eu d'autres occasions de nous montrer ton sens de l'organisation. Lorsque tu es devenue membre du club de natation des Îles, par exemple, tu n'étais pas très contente de te présenter à des compétitions et de voir que ton équipe n'avait pas de tenue. Eh bien! tu en as proposé un. Tu avais fait venir un catalogue d'un fabricant de Montréal. Tu as mis sur pied la campagne de financement et, après quelques semaines de travail, l'équipe portait sa tenue. Tu gardais un excellent contrôle du projet. Tu avais tout informatisé. Tu te préparais, sans trop en être consciente, à ton choix de carrière : l'administration.

À la relâche de mars, tu t'envolais finalement seule vers Vancouver, rayonnante de fierté. Nous te savions en sécurité, une fois rendue, auprès de ta cousine qui t'attendait à Surrey. Tu es revenue enchantée, prête à repartir, assoiffée de voyages. En 1998, tu es retournée en train avec, comme seul bagage, ton sac à dos. C'était un aller-retour avec un arrêt à Toronto, à Niagara Falls, Jasper, Vancouver. Nous souriions de te voir partir, ton père et moi; tu sais que nous avons fait ce voyage en 1973 en campant dans notre Volkswagen coccinelle. Nous approuvons tes voyages de découverte. C'est vrai qu'ils forment la jeunesse.

En janvier 1998, tu entrais à l'Université d'Ottawa, à la faculté d'administration. Nous n'étions pas très étonnés de ton choix. Sociable, tu t'es vite impliquée sur le campus, dans la vie étudiante, accueillant des jeunes de l'étranger et les accompagnant à des activités sociales. Tu leur faisais connaître et apprécier notre région et eux te menaient à la découverte de leur pays d'origine. Il n'en fallait pas moins pour te remplir la tête de projets d'aventure, de voyage. Comme l'écureuil prudent, tu as travaillé fort pendant tout l'été 1999, remplissant et gonflant ton sac à main... tu préparais tes provisions pour la France. Puis tu es partie.

Depuis septembre 1999, tu poursuis tes études en gestion internationale à Reims et tu prévoyais de revenir à Ottawa en mai 2000.

Nous restons en contact presque quotidien grâce à Internet. Nous te sentons tout près de nous. Toute la famille suit tes voyages en Europe avec grand intérêt. Paris, Prague, Rome, Berlin, Amsterdam, Rothenburg, Galway... Nous nous demandons même où tu prends le temps d'étudier. Nous te savons confiante et avide d'apprendre, d'explorer le monde. Ce que tu fais exige beaucoup d'énergie, tu t'imposes des sacrifices et nous sommes contents que tu puisses profiter de la vie et faire des expériences enrichissantes sur le plan humain. Dominique, nous ne voulons pas t'arrêter.

Tu continues à nous amuser à travers tes messages. Tu es partie avec très peu de bagages, car tu voulais te déplacer facilement et voyager en train. Après avoir ainsi vagabondé pendant deux mois, tu t'es installés à Reims. Tu nous demandas alors de t'envoyer tes vêtements. Voici la note que tu m'as retournée, le 22 novembre 1999, lorsque tu les as reçus :

I got the box and I danced with joy and kissed the mailman. Thank you, very much appreciated. Actually , if you ever get sick of your clothes put them in a box and don't even look at them for two months. I tell you when you open the box it feels

like Christmas and you feel like the first day of
school with new clothes that feel different on you
and your not sure how to sit in those new clothes
and you feel very pretty and special. Trust me if
you want to save money, put your clothes in a
box[3]. *Love you, Dom XXX.*

Dans ce colis, j'avais joint ta montre que le fabricant avait dû réparer avant ton départ. Elle était défectueuse et tu l'avais retournée à la compagnie afin de la faire remplacer.

I received my watch and when I looked at it it
said 4:30 and it was 10:30. For two seconds, I
started cursing at the bloody watch that could not
hold the time... Europe is 6 hrs. later[4].

Tu es toujours aussi comique.

Tu nous gâtes par de petites surprises qui nous arrivent de partout où tu es passée : chocolats belges, champagne, petits pâtés à la viande... Tu n'oublies jamais de souligner, à ta façon, les anniversaires de tes jeunes frères.

---

3.   J'ai reçu la boîte, j'ai dansé de joie et j'ai embrassé le facteur. Merci. C'est très apprécié. À vrai dire, si jamais vous vous fatiguez de vos vêtements, placez-les dans une boîte pendant au moins deux mois. Je vous le dis, quand vous l'ouvrirez, vous vous croirez à Noël et vous vous sentirez comme au premier jour de classe où vous portez des vêtements neufs et vous vous trouvez très belle, spéciale, ne sachant plus comment vous asseoir vêtue ainsi. Faites-moi confiance, si vous voulez économiser de l'argent, rangez vos vêtements dans une boîte.

4.   J'ai reçu ma montre et j'ai vu que l'heure indiquait 4 h 30 et il était 10 h 30. Pendant deux secondes, je me suis mise à sacrer contre ma sale montre qui ne donnait pas la bonne heure... l'Europe est six heures en avance sur Ottawa.

C'est ainsi qu'en janvier, de Prague, tu expédias un cadeau à Sébastien et Mathieu, qui sont nés la même journée mais à trois ans d'intervalle. C'était deux sifflets en bois, fabriqués par des artisans tchèques. Comme une grande sœur aînée se doit, tu leur as envoyé une lettre remplie de conseils... hilarants.

> *Bonjour Math, bonjour Seb,*
>
> *Ça va bien? Votre fête approche. Je suis à Prague et ce matin j'ai écrit un million de cartes postales. Ce n'est pas grand-chose ce petit cadeau, mais je sais que ce sera peut-être un outil... pour avoir le poste de télévision. Votre mission en tant que bambins d'une grande famille, j'aimerais vous rappeler que vous devez vous faire voir, savoir et connaître. Le sifflet, un jouet, une arme, un outil pour vous aider à garder votre pied à terre. À utiliser le plus tôt possible le matin, le plus longtemps possible (jusqu'à épuisement ou jusqu'à ce que tout devienne noir malgré que vos yeux soient ouverts) et le plus fort possible. La meilleure technique reste de prendre le sifflet de la main droite, de pencher la tête vers l'arrière en ouvrant la bouche, de fermer les yeux et d'inspirer, ensuite de mettre le sifflet à vos lèvres et de vous pencher vers l'avant en expirant.*
>
> *Bon ben mes deux pits, bon courage et bonne fête.*
>
> *Dom*

Chacune de ces délicates attentions me rappelle ta tendre enfance et je te revois avec ton cadeau enveloppé dans du papier journal. Tu es restée la même, généreuse Dominique. Tu penses souvent aux autres.

Ce que je remarque également chez toi, c'est ta capacité d'aimer les jeunes enfants, les adolescents, les gens Lorsque tu as travaillé dans un magasin d'alimentation comme caissière, il t'est arrivé d'accepter l'invitation d'une cliente octogénaire à partager une pointe de tarte ou une tasse de thé après le travail. Je me réjouis de ton attitude respectueuse envers les aînés, cherchant à leur faire plaisir en leur donnant de ton temps. Ton grand-père Lussier, maintenant âgé de quatre-vingt-onze ans, lit avec intérêt tes histoires. C'est une excellente façon de lui dire que tu l'aimes.

Chère Dominique, nous avons hâte de te revoir, nous t'attendons tous. Nous te redisons combien nous t'aimons, combien nous t'apprécions.

Chapitre IV

Jonathan

Tu es notre deuxième enfant biologique, et le quatrième de la famille. Tu es né à Sept-Îles, le 17 juillet 1981.

Tu en as mis du temps à venir! À trois reprises nous nous sommes rendus à l'hôpital, bagages en main, prêts à devenir parents, mais tu refusais de naître, tu avais l'initiative! Enfin à 16 heures 51, le 17 juillet, tu me délivrais. J'étais énorme. J'avais pris cinquante livres et avais hâte de te connaître. Comme je n'avais pas passé d'échographie, nous ne savions pas d'avance de quel sexe tu étais. Tu étais costaud, pesant neuf livres et demie, et de ta bouche s'échappaient des cris stridents. Sans vouloir te faire de peine, je dirais que tu as été le pire poupon que nous ayons eu. Souvent, la nuit, Jacques a dû me laisser aller te consoler ou du moins te faire taire, afin d'éviter la catastrophe en réveillant toute la maisonnée. Heureusement, les enfants ont un sommeil profond. Enfin, à six mois, tu es devenu un bébé calme et joyeux. Quel soulagement! Nous avons vite oublié ces nuits d'insomnie, nous réjouissant de te voir grandir heureux.

Tu avais déjà six ans au moment où Jacques m'a offert ce cahier. J'ai donc écrit ton histoire à partir des souvenirs et de quelques bouts de papier sur lesquels des notes étaient griffonnées. Tu auras des retours momentanés sur ta petite enfance. Ton subconscient en a enregistré beaucoup plus que ceux que je raconterai.

Jonathan, infatigable curieux, sans cesse tu questionnais le monde. Tu étais notre petit philosophe et nous passions d'agréables moments ensemble. Nous croyions que tu serais inventif et créateur. Très tôt, tu as cherché à comprendre tout ce qui t'entourait. Tu nous demandais constamment l'explication des choses, pourquoi? Un jour que nous nous déplacions en auto, tu m'as dit :

– Pourquoi est-ce que les lignes de la route sont blanches? Pourquoi ne sont-elles pas rouges ? Pourquoi sont-elles parfois coupées? Pourquoi les doubles?

– Maman, pourquoi est-ce qu'il y a tant de petits poteaux avec des numéros dessus, le long de l'autoroute?

– C'est pour indiquer le kilométrage.

– Pourquoi faut-il indiquer le kilométrage?

Ainsi, tu t'es interrogé sur toute la signalisation routière. J'ai presque dû réviser le code de la route tellement tu allais dans les détails.

Tant bien que mal, j'essayais de répondre à ces interrogations qui fusaient sans cesse. Ma patience envers toi m'a fait gagner mes lettres de noblesse. Aussi, quand mon huitième enfant est arrivé à l'âge de ses «pourquoi», savais-je déjà plusieurs réponses; je reconnaissais certaines de tes interrogations et souriais, j'avais acquis l'expérience et la connaissance. Il faut dire que j'avais été forcée de me documenter. En fréquentant la bibliothèque, tu as aussi appris à chercher des réponses par toi-même.

Tu avais un intérêt marqué pour la mécanique et les autos. Ton modèle préféré d'alors était la Ferrari. Tes goûts tranchaient nettement sur notre réalité. Nous avions une Volkswagen coccinelle et quatre enfants. Nous racontions un jour à ton oncle Paul, un peu à la blague, ton engouement pour la Ferrari. Cet été-là, il t'a fait la plus belle surprise de ta vie. Il s'est arrangé pour que tu fasses un tour d'auto en Ferrari... pas n'importe laquelle, la rouge clair, ta préférée. Paul avait un ami qui en possédait une et, lors d'une fête de famille, il avait invité cet ami, vous mettant ainsi en rapport l'un avec l'autre. Il

fallait voir ton émerveillement, à ton retour de la pro-
menade; tes yeux semblaient sortir de leur orbite. Tu
débordais de joie. Tu étais très reconnaissant et poli.
Puis, il a pris ta photo, assis au volant. Tu as apprécié
cette journée et combien de fois as-tu raconté cette aventure à tes amis? Jacques et moi étions ravis, surtout que
tu saches apprécier la gentillesse de ton oncle et de son
ami. Enfin, nous sommes touchés lorsqu'un proche ou
des parents donnent de l'attention à nos enfants; nous
interprétons leur geste comme le témoignage de leur
approbation, de leur appui plutôt.

Depuis ce jour, où que nous habitions, cette photo
orne les murs de ta chambre, au même titre que tes
photos souvenirs d'amis ou d'événements importants de
ta jeunesse.

À mesure que tu grandis, tes intérêts se diversifient,
tu accumules les découvertes. Tu commences déjà à dire
à tes petits frères : «Quand j'étais jeune. Quand j'avais
ton âge, moi...» Serais-tu déjà sage, Jonathan?

Tu étais habile manuellement; tes jouets préférés se
composaient d'un marteau, de clous et de tournevis et,
au chalet, tu bricolais constamment radeaux et cabanes.
Ton cerveau fourmillait de projets de construction. C'est
sans doute cela qui t'a donné l'aptitude nécessaire pour
te construire une chambre au sous-sol à l'âge de quinze
ans. Nous avions prévu un budget et tu devais toi-même
exécuter le travail et acheter les matériaux. J'avoue que
tu t'es bien débrouillé. Lorsqu'est arrivé le moment de
faire le plâtre, de tirer les joints, tu manquais de métier
et Jacques ne pouvait pas t'aider. Nous avons donc eu
recours à un ouvrier. Lorsqu'il a su que tu avais
construit toi-même ta chambre, que c'était ton projet
d'été, il a demandé à travailler avec toi pendant deux
jours afin de t'enseigner la technique du plâtrage. Cinq
petits curieux suivaient discrètement les leçons, derrière

la porte entrouverte et, à la moindre occasion, marchaient dans le plâtre, déplaçaient les outils, et ils parlaient constamment. Après t'avoir transmis son expertise, il a refusé de se faire payer. C'était sa façon d'encourager un jeune, nous dit-il. Homme généreux et indulgent, dans la soixantaine, il avait eu une famille et souhaitait nous aider. S'il est vrai que les anges existent, je dirais qu'il y en a eu plusieurs placés sur notre route et sur celle de nos enfants. Ta chambre terminée, tu as été très fier de la montrer à ton grand-père Lussier, ouvrier lui aussi, qui s'intéressait à tous les travaux de menuiserie. Pour te récompenser, il t'a remis sa précieuse boîte à outils lui ayant servi à construire sa maison en 1970.

Comme ta sœur Dominique, tu nous faisais rire par tes remarques inattendues. Tu m'as dit un jour : «Moi, je suis chanceux, je sais tout.» Tu avais trois ans. J'ai noté un incident amusant. Nous étions au chalet et tu trouvais qu'il y avait beaucoup d'abeilles. Tu m'as affirmé, alors, avec le sérieux d'un petit bonhomme de ton âge : «Je sais pourquoi les abeilles viennent sur moi. Je suis plein de miel et elles viennent chercher le miel dans moi.»

Plus tard, tu avais inscrit sur la liste d'étrennes de Noël : «J'aimerais avoir du rafraîchisseur d'air pour usage personnel.» (du désodorisant)

À tes six ans, j'ai griffonné le texte suivant :

Aujourd'hui, c'est la troisième fin de semaine depuis l'ouverture de la pêche au Québec. Pour bien des personnes, la scène que je vais décrire serait sans doute monotone, mais je suis captivée par quatre des enfants qui jouent au bord de l'eau. C'est le plus beau spectacle auquel j'ai assisté depuis longtemps, parce que le plus authentique et le plus vrai. Jonathan vient de prendre son quatrième poisson. À chaque prise, c'est l'excitation. Myriam, Jennifer, Jonathan et Mathieu s'agenouillent devant l'animal. Ils le scrutent et discutent de la méthode à suivre pour dégager l'hameçon. «C'est dégeulasse, yarck! il saigne.» Jonathan, le héros, retire l'hameçon de la gueule de la truite gluante sous les yeux horrifiés des plus jeunes. Puis, devant les spectateurs admiratifs, il le dépose dans un seau. Myriam et Jonathan se sont lancé un défi et la pêche est fructueuse. Jonathan a nommé Jennifer et Mathieu garants du seau d'eau servant à conserver les pauvres poissons. Jennifer, âgée de sept ans et Mathieu, de trois ans, veulent à tout prix en être l'unique gardien. Jennifer, bien décidée, d'un ton autoritaire même, donne les ordres. Elle fait le guet, confiant à Mathieu la tâche de transporter de l'eau du lac, à l'aide d'un arrosoir jusqu'à la chaudière afin que l'eau reste fraîche. Cela occupe tout son temps et le tient éloigné. Jennifer est fière de son astuce. J'avoue que c'est drôle par moment et je souris malgré moi. Tous les deux s'acquittent activement de leur corvée. Jennifer surveille de près tout ce branle-bas de combat dans la chaudière. Les poissons se démènent; se sentent-ils à l'étroit? Mathieu va et vient, se hâtant sous les ordres de Jennifer. «Dépêche-toi, il faut plus d'eau. On doit empêcher les poissons de sortir du seau.» Puis, d'un geste rapide, Jennifer tape sur le nez du poisson qui a osé s'aventurer en dehors, en quête de liberté. Elle l'a rapidement rattrapé et grondé en le remettant avec les autres prisonniers.

Myriam, à qui la chance sourit ce soir, a retiré plusieurs poissons de l'eau. Elle devient même sélective.

— Est-ce que je dois remettre ce petit de deux pouces à l'eau, demande-t-elle?

— Non, lui dit Jonathan, le pince-sans-rire, il va avertir les autres poissons que nous pêchons et ce sera fini pour la pêche.

Les gardiens acquiescent et le petit poisson se retrouve au fond. Ce récipient est devenu son alcatraz et Jennifer son geôlier. Pendant quelques instants, le monde s'était arrêté autour de moi. Je communiais avec les moindres gestes des enfants, qui composaient le plus beau des tableaux animés qu'aucun canevas ne pouvait remplacer. Je les admirais, ils étaient magnifiques et mon bonheur complet. Je ne suis pas intervenue, ne voulant pas interrompre leur jeu.

Vous désirez connaître la suite de ma note? Eh bien! d'un commun accord, ils ont relâché tous les poissons.

Jonathan, tu as fait fructifier tes talents. Habile mécanicien, ta bicyclette est constamment en pièces détachées. Tu essaies de la réparer, de comprendre chaque engrenage. Tu l'installes sur un trépied et tu l'auscultes dans ses moindres mécanismes avant de lui prodiguer tes meilleurs soins. Bien concentré et armé de tes outils éparpillés dans le garage, tu gonfles les pneus, graisses les écrous, redresses les rayons, ajustes les vitesses, replaces la selle, changes les pédales. Tu ne sais pas que, parfois, je t'épie. Je me dis alors que si un jour tu mets autant d'efforts à un travail, autant de passion, tu réussiras dans la vie.

Jonathan, tu es en forme; depuis longtemps, tu joues au hockey et as fait partie de plusieurs équipes. Pendant ton secondaire, tu participais au programme sport-étude (hockey), ce qui te permettait de consacrer plusieurs heures par semaine à l'entraînement et de faire de la compétition intercollégiale. Tu as joué à la balle-molle, au soccer, as suivi des cours de natation et, aujourd'hui, tu as ajouté l'escalade et la planche à neige à tes disciplines sportives.

Puis le temps a passé, il passe si vite. Tu es un adolescent facile, sans crise, sans rébellion importante; je dirais que, jusqu'ici, cette étape se fait en douceur. La seule contestation que tu te permettes est ton refus de faire le ménage régulièrement dans ta chambre et ton lit tous les matins en te levant. C'est une règle de vie que nous imposons aux enfants et une habitude qu'ils acquièrent vers l'âge cinq ans.

Jonathan, j'associe donc ces refus à ta crise d'adolescence, à ton besoin incontournable de tenir tête à l'autorité. Je sais que notre insistance t'irrite. Comme tout adolescent, tu t'affirmes, tu prends ta place.

Cher Jonathan, tu pourras toi aussi rêver et laisser ta trace. Tu as déjà commencé. Depuis quelques années, tu as occupé plusieurs emplois dans divers domaines. Tu as été camelot, pelleteur, livreur de pizza, cuisinier dans une cantine, monteur de bicyclette chez Canadian Tire, concierge dans un centre communautaire et maintenant, tu travailles à des tâches administratives. Il ne faut jamais oublier de développer tes qualités humaines, ce qui fera de toi un être unique.

Tu as le cœur tendre et tu fais preuve d'une grande sensibilité. Il faut que tu restes ainsi. Nous avons surtout eu l'occasion de le découvrir quand Ameer était malade. Nous savions que tu avais de la peine. Nous avons constaté à plusieurs reprises combien tu étais attentif et c'était réconfortant.

Cet hiver-là, tu jouais au hockey dans l'équipe de ton école et vous aviez disputé un match à Toronto. Tu es revenu en rapportant un souvenir à Ameer. Ce n'est pas la valeur de l'objet qui m'avait frappée, mais plutôt ton choix judicieux : un porte-clés orné d'une Bible miniature. À ton retour, tu m'as montré ta trouvaille, me faisant remarquer que la Bible était identique à celle de ton frère et que nous pouvions la lire, à la condition d'avoir moins de quarante ans. Ceux qui ont connu Ameer savent combien il était attaché aux Saintes Écritures. Il en lisait souvent des passages. J'ai alors senti par ton geste le désir de réconforter ton frère. Ton attitude me surprit agréablement, tu n'avais que dix-sept ans. Tu nous aidais, à ta façon, à accompagner Ameer dans sa maladie. J'ai pleuré en cachette; je perdais un fils mais je te redécouvrais, tu étais devenu un jeune homme compatissant. Il était rafraîchissant de t'avoir près de nous pendant cette période difficile.

Durant l'été 1998, tu étais resté à Ottawa pour travailler. Un matin, tu m'as appelée pour m'annoncer que tu désirais passer une semaine avec Ameer au chalet. Tu en avais parlé avec ton patron et il était d'accord, si tu acceptais de perdre ton salaire. Tu n'as pas hésité, tu as suivi la voix de ton cœur. Je crois que tu ne le regretteras jamais; ce fut ta dernière rencontre avec lui. Sans le savoir, tu étais venu lui faire tes adieux.

À d'autres occasions, tu as fait preuve de gentillesse envers tes autres frères et sœurs. Lorsque Dominique est partie pour l'Europe, tu lui as cousu discrètement, à son insu, un porte-bonheur. C'est lorsque je t'ai demandé où était le médaillon avec l'inscription *Ameer 1969-1998* que tu m'as dit : « Il va la protéger. » Tu t'inquiétais de sa sécurité.

L'acquisition de ta première voiture restera certainement un événement mémorable. Puisque tu n'avais pas ton permis de conduire, tu as dû sagement remiser ta petite Colt 1992 dans le garage pendant six semaines. Permets-moi de raconter ceci. Alors qu'elle était garée, un jour, je t'ai surpris au volant, tout sourire, ajustant rétroviseur et siège du conducteur. La fierté et le contentement se lisaient sur ton visage. Tu t'exerçais. Tu n'as pas à être gêné, bien des jeunes hommes ont fait ces gestes et ressenti le même plaisir à l'achat de leur première automobile. Tu savais que nous ne t'achèterions pas une auto; aussi as-tu pris l'engagement de la payer, et tu respectes ta parole.

À l'occasion, tu reconduis tes petits frères à l'école. Ils apprennent de toi en te regardant. Tout ce que tu fais pour les aider, un jour, ils se le rappelleront. C'est dans le partage qu'il est possible de sceller une amitié sincère entre vous. Tu es devenu leur héros.

Tu as une personnalité attachante et jamais je ne t'entends parler contre quelqu'un. Tes amis recherchent ta compagnie. Tu n'aimes pas la confrontation et tu ferais n'importe quoi pour l'éviter.

Et comme Jonathan, le goéland, tu rêves de parcourir le monde, de partir en voyage. C'est d'ailleurs après avoir lu *Jonathan Livingston le goéland,* que nous avons décidé de t'appeler Jonathan. Pendant ma grossesse, nous sommes tombés amoureux de cet oiseau. Jacques et moi nous retrouvions dans ce personnage. Nous ne doutions pas que tu deviendrais comme ce goéland, que tu serais animé du plaisir de voler de tes ailes, d'aller toujours plus haut, plus loin à la découverte de tes limites. Cher Jonathan, nous avions gardé précieusement ce livre, que nous t'avons offert en cadeau pour tes quinze ans. Nous te l'avions promis et écrit en début du livre à ta naissance. Tu l'as lu attentivement. À cet âge, tu en as compris l'essentiel.

Comme Jonathan le goéland, tu as essayé ton premier vol en décembre 1999. À dix-huit ans, tu es parti pour le Mexique en autobus, emportant ta bicyclette, ton équipement d'escalade et ton appareil photo. Tu faisais le voyage avec un ami, ce qui nous a rassurés. Il n'était pas question de t'arrêter. L'aventure t'a donné confiance, tu as rencontré des Mexicains généreux et tu t'es enrichi de leur culture. Tu as vécu près d'eux, avide d'apprendre et d'expérimenter. Tes photos en font foi. Tu es revenu radieux, Jonathan le goéland, transformé, fier de tes prouesses, et bien décidé à recommencer. Il te reste encore beaucoup à découvrir. Nous sommes contents que le monde te passionne. Continue à voler, Jonathan, va où la vie t'appelle. Suis les élans de ton cœur. En cherchant à étancher ta soif de connaître, tu grandiras à chaque voyage.

L'an passé, tu as été invité à ton premier bal; c'est lorsque nous avons vu tes photos que nous avons soudainement compris que tu étais devenu un homme. La dynamique familiale change un peu au fur et à mesure que nos enfants grandissent. Nous devons de plus en plus composer avec des adultes qui ont des valeurs différentes des nôtres ou de celles de notre génération.

Cette année, il te faut choisir une orientation dans tes études, ce qui n'est pas facile. Il y a tant de possibilités et tu as plusieurs champs d'intérêt. Nous ne voulons pas te guider; Jacques et moi croyons vraiment qu'il t'incombe personnellement de découvrir qui tu es et de choisir un travail conforme à tes aptitudes et à tes goûts. Mieux que quiconque, tu sais que nous te laisserons libre de tes choix.

Nous te faisons confiance, prends le temps voulu, mais sache qu'il est permis de douter. Au cours de tes études et dans ta découverte du monde, tu pourras toujours réévaluer ton choix.

Nous désirons être tes amis indéfectibles sur qui tu pourras compter. Jonathan, ne doute jamais de notre affection, car nous t'aimerons toujours.

Chapitre V

Jennifer

Tu es née le 11 octobre 1983, à l'Hôpital St-Luc, Montréal.

Très jeune, tu courais derrière tous les animaux que tu voyais, me traînant malgré moi dans les animaleries des centres commerciaux des Îles-de-la-Madeleine, de Brossard et d'Orléans. Heureusement que, maintenant, tu peux y aller seule. Tu aimes tant les petites bêtes que si je t'écoutais, tu aurais l'arche de Noé dans ta chambre. Déjà à cinq ans, tu tentais de me convaincre de t'acheter un animal domestique.

– Moi, j'aimerais bien avoir un chat.

– J'aimerais que tu en aies un, mais qui nettoierait les dégâts ? Sans me regarder, tu m'as répondu d'un ton bien déterminé :

– C'est moi!

Je ne pouvais pas te dire non crûment, aussi argumentais-je afin de te décourager.

– Et si ton chat attrapait des puces, qu'est-ce qu'on ferait ?

– On achèterait un gorille pour manger les puces de mon chat.

– J'ai éclaté de rire. Tu étais en train de m'attendrir, mais je restais ferme. Tu as dû plaider ta cause et attendre quelques années. À neuf ans, tu possédais un lapin. Pauvre petite bête, il a dû s'adapter à une famille nombreuse dès la première journée. Il a goûté au plaisir de la proximité, car il a voyagé de Baldwin Mills aux Îles-de-la-Madeleine à travers les bagages, partageant l'air avec les dix autres passagers de la voiture familiale. Il ne devait pas souffrir de claustrophobie.

Une fois aux Îles-de-la-Madeleine, Jacques lui a construit une grande cage isolée, dont le plancher était recouvert d'un tapis et d'un parc où il pouvait courir, protégé des chiens des environs. La maison du lapin était très élégante, un vrai château de roi. Tu étais ravie. Tu veillais fidèlement sur ton lapin, lui prodiguant soins et affection. Il était devenu ton bébé. Les plus belles feuilles de laitue lui étaient réservées et les carottes juteuses garnissaient sa cage. Ainsi bien nourri, il est devenu énorme. Je n'ai jamais osé te dire le fond de ma pensée lorsque tu faisais entrer ton lapin dans la maison pour le laisser vagabonder. Je le regardais du coin de l'œil et regrettais qu'il ne se faufile pas dans ma rôtissoire. Je pense qu'après un certain temps, j'aimais assez le lapin pour me culpabiliser de mes pensées criminelles et je ne pouvais plus passer aux actes. Le lapin a ainsi vécu chez nous tout le temps de notre séjour aux Îles.

Lors de notre déménagement à Montréal, tu as donné ton lapin à un ami. Avec le lapin, tu avais réussi à changer mon opinion sur la présence d'animaux domestiques dans la maison, car un rat a succédé au lapin. J'ai appris à m'accommoder du rat, mais il ne devait jamais quitter ta chambre. C'est incroyable les concessions que j'ai acceptées pour te satisfaire et te faire plaisir car, vois-tu, le maudit rat a rongé un coin du tapis dans ta chambre et il habite toujours avec nous. Je lui ai pardonné. «C'était un accident» a dit notre petite avocate qui voulait innocenter son protégé, «sa cage était restée ouverte.» Ton sourire charmeur et ton regard implorant me font très souvent accéder à tes demandes. Tu pourrais faire fondre un iceberg.

Enfant, tu étais facile, docile et aimable. Je t'emmenais partout avec moi, tu étais toujours calme et silencieuse. Tu te faisais facilement des amis, n'hésitant pas à suivre d'autres enfants dans les magasins, malgré mes avertissements. Aussi es-tu la seule parmi les enfants que j'ai perdue à deux reprises, me créant de l'angoisse à chaque fois. J'alertais tous les agents de sécurité et j'étais prise de panique, imaginant le pire. Chaque fois, je t'ai retrouvée au service à la clientèle, tout sourire, paisible, entourée de caissières ou dans les bras d'un agent. Sans prétention maternelle, tu étais très jolie et sociable, attirant attention et sympathie. La vie t'a choyée, maintenant, c'est à toi de développer tous tes talents.

«Ti- pou» est le surnom que Parbin t'a donné enfant, parce que, jusqu'à présent, tu es la plus petite de taille de la famille. Même si tu es le bout de chou, tu as toujours eu un grand cœur et tu te préoccupes du bien-être de tous. Lorsque j'étais enceinte, du haut de tes quatre ans tu auscultais mon ventre à l'aide de ton stétoscope jouet «Fisher Price», pour entendre le cœur de bébé et pour bien soigner maman. Tu le faisais avec grand sérieux m'assurant que nous nous portions très bien. Souvent aussi, après le bain, tu faisais sécher les cheveux de Pierre-Paul. Avec grande tendresse, tu lui frictionnais le cuir chevelu, imitant une coiffeuse expérimentée.

Lorsque tu étais toute jeune, nous jouions souvent ensemble. Nous étions seules à la maison, les plus âgés étant à l'école et Mathieu, qui a cinq ans de différence avec toi, n'était pas encore né. Je t'avais appris à jouer aux cartes, aux échecs. Mais en ce matin du 19 décembre 1988, tu t'ennuyais. Tu avais cinq ans. Nous avions essayé les échecs, à ta demande, mais tu t'en es vite désintéressée après le deuxième pion. Le tic tac toc n'eut pas plus de succès. Alors, je t'ai proposé de dessiner avec toi et ainsi de produire une œuvre commune. Je t'ai tendu un crayon brun et j'ai utilisé le bleu. «Tiens, je fais le premier trait, ensuite tu en fais un; à ton tour!» Tu t'appliquais à chacun de tes coups de crayon, passionnée par le jeu. Nous alternions, tout en parlant. J'étais étonnée car, à mesure que le jeu avançait, je découvrais combien tu étais créative et inventive. À ma grande surprise, c'est toi qui m'amusais et ce fut une activité très agréable de se sentir si près l'une de l'autre, complices d'un même jeu. À chacun de tes tracés, tu venais inconsciemment t'associer au mien. Ainsi, l'image inconnue au point de départ prenait forme. Je t'observais en train de dessiner et j'ajoutais un trait, ne sachant jamais si tu allais prendre l'initiative de changer l'image. Je ne savais pas où nous allions, ni ce que cela produirait; une vraie aventure créatrice! Notre dessin ressemblait à un tricot dans lequel chaque maille qui s'ajoute est importante et forme un tout cohérent. Au bout d'une vingtaine de minutes, je t'ai demandé :

– Quel titre allons-nous donner à notre tableau?

Il y eut un long silence, puis tu m'as répondu :

– Le village d'Indiens.

Ainsi est née notre œuvre désormais perpétuée dans ce livre. Maintenant tu as grandi; tu as toujours l'âme d'une artiste et tu fais encore preuve de beaucoup de créativité. J'aime aller dans ta chambre. Je me retrouve, comme dans un musée, parmi les collections de bouteilles miniatures, de masques, de bibelots, de perles, de milliers de petits objets délicats, déposés avec soin dans des récipients de différentes tailles. Je sais combien ils te sont importants. Aussi ai-je plaisir à te rendre visite et à emprunter ton lit, afin de te regarder classer tes trésors et créer ton propre environnement. Je le trouve beau, il te ressemble. Tout est bien agencé et disposé dans un ordre logique.

Au gré de tes humeurs, tu t'emploies à placer, déplacer et replacer tous ces objets qui semblent en constant

Le village d'Indiens JeNNiFer
Diane

mouvement dans ton petit royaume. Souvent, tu changes les meubles de place et alors la valse des vases et des bibelots recommence; tu es typiquement adolescente, à la recherche de ton identité, de ta spécificité.

Tu prends bien soin de ta personne et le miroir est un bon ami. Tu perces et reperces tes oreilles, tu te fabriques des colliers de perles, tu échanges tes vêtements avec ceux d'amies. Tu exploites, tu scrutes, tu expérimentes... tu es toujours si occupée. Comme tous les adolescents, tu détestes les normes et les règlements, surtout les heures de retour à la maison.

Nous t'aimons adolescente autant que nous t'aimions enfant. Notre amour est inconditionnel, tu le sais. Nous voulons ton bien, nous voulons te protéger. Tu seras toujours notre petit « pou. » Nous ne voulons pas que quelqu'un t'écrase. Derrière ta petite taille se cache, parfois, un petit Napoléon. Tu as du caractère. Tu sais très bien défendre tes points de vue et c'est par tes arguments que tu nous foudroies, chère petite avocate.

Depuis deux ans, tu gardes trois bambins après l'école, ce qui prouve que tu es très responsable. Ils t'aiment et t'exaspèrent parfois, mais tu leur souris toujours, tu les trouves drôles. Ils sont en sécurité auprès de toi, tu les défendrais jusqu'à la mort. Même si parfois c'est difficile, tu respectes ton engagement, apprenant ainsi à persévérer. Tu te prépares, sans le savoir, à prendre plus de responsabilités.

Comme les autres enfants, tu es en train d'acquérir de plus en plus d'autonomie. Je sais que tu es vaillante et que tu découvriras bientôt le travail qui t'intéressera. En plus de la garde des enfants, tu suis des cours de natation depuis plusieurs années. Tu fais du bénévolat à la piscine municipale. Tu t'intéresses au macramé, à la couture, à la guitare électroacoustique et, l'hiver, tu dévales les pentes enneigées en planche à neige, accompagnée d'autres jeunes faisant partie du club de ton école.

Si je devais t'associer un trait de caractère particulier, je dirais que tu travailles avec minutie, attachant de l'importance au détail. Lorsque je te demande de nettoyer quelque chose, par exemple, je suis assurée que ce sera bien fait. Tu es autonome, débrouillarde. Comme Jonathan et Sébastien, tu n'aimes pas que nous répétions et surtout que nous te poussions dans le dos pour accomplir une tâche. Tu préfères suivre ton rythme et l'exécuter à ta façon.

Tu manques souvent d'argent pour réaliser tes nombreux projets et suivre les activités qui t'intéressent. «L'argent, c'est fait pour être dépensé», affirmes-tu avec assurance. Et comme tu es généreuse, tu n'hésites pas à t'endetter à chaque Noël, empruntant à tous les autres membres de la famille afin de leur offrir un cadeau individuel. Tu es si fière de tes petites surprises achetées avec discernement. Tu leur rembourses scrupuleusement tes emprunts, les dettes sont toujours réglées aux environs de Pâques. Je sais qu'un jour tu procéderas sans doute autrement. C'est le sacrifice que tu es prête à payer pour prouver ton amour à chacun de nous. Tu es sans contredit très aimable.

Un jour, Jacques et moi avons décidé que tu devais apprendre à vivre selon tes moyens et à ne pas dépenser tes paies avant de les avoir gagnées. Nous avons donc refusé de t'avancer de l'argent. Quelle n'a pas été ma surprise en t'entendant négocier un prêt de douze dollars avec Sébastien. Je ne suis pas intervenue, je trouvais la situation cocasse. Voici la conversation échangée entre vous :

– Sébastien, veux-tu me prêter douze dollars.

– Non.

– Sébastien, prête-les moi et je vais te les remettre à ma prochaine paie.

– Non.

– Sébastien, si tu me prêtes les douze dollars, je te paierai de l'intérêt.

– Combien?

– Je te donnerai dix sous par jour à compter de la date de ma paie.

– Dix sous par jour. «Yes.» Tu peux emprunter mon douze dollars.

Et Sébastien, heureux de cette entente, a inscrit son opération dans le livre comptable de sa petite caisse. Il est vite devenu ambitieux, et s'est mis à compter combien cela lui ferait au bout d'une semaine : soixante-dix sous et... si facilement gagnés à ne rien faire. Pendant les deux semaines précédant la paie de l'emprunteuse, Sébastien vérifiait si ses calculs étaient bons et s'assurait si effectivement tu lui rembourserais capital et intérêts. Tu renouvelais ton engagement. Quand arriva le jour de paie, tu lui remis, le même jour, le montant de l'emprunt sans les intérêts. Sébastien voulait ses intérêts. Alors toi, Jennifer l'avocate, lui as rappelé la clause du contrat : dix sous par jour d'intérêt dépassant la journée de la paie. Comme tu avais remboursé la totalité de ton prêt le jour même de la paie, tu ne devais pas d'intérêts.

Sébastien est intelligent; il comprit et relut dans son livre comptable ce qu'il y avait inscrit. Fine mouche, tu avais aussi fait tes calculs. Tu pensas sans doute qu'à dix sous par jour d'intérêt, tu avais fait une offre très généreuse. De cette opération, je crois que, tous les deux, avez tiré quelques leçons dont, certainement, une réflexion sur l'économie. Sébastien a compris qu'il n'était pas facile de gagner de l'argent et que, s'il veut être un bon banquier, la prochaine fois il devra imposer de l'intérêt dès la première journée du prêt, comme dans les établissements financiers. Ainsi, avant d'accepter et de signer un contrat, on se doit d'être certain d'en comprendre tous les termes et toutes les implications. Tu as aussi saisi que si on emprunte et qu'on paie de l'intérêt, cela coûte cher. Il est donc important de rembourser ses dettes à temps.

Cependant, la leçon la plus importante que nous voulions que toi et tes frères et sœurs tirent de cette entente a été qu'à l'intérieur de la famille, l'entraide doit demeurer la valeur première, surpassant celle de l'argent. Tu avais apprécié le geste de Sébastien. Un jour, lui aussi pourrait avoir besoin de toi. À la maison, il est fondamental que chacun se respecte, et il ne faut pas abuser de la gentillesse des autres. Tu dois apprendre à contrôler tes dépenses, de sorte que tu n'aies à emprunter des membres de la famille qu'en cas d'urgence. À ce moment, nous serons heureux de te venir en aide, mais pas si tu le fais uniquement par manque de planification.

L'adolescence, chère Jennifer, est une étape cruciale de ta vie. C'est à cet âge que tu détermines la fondation de ta maison intérieure. Comme tous les autres jeunes de ton âge, tu dois apprendre à vivre dans un environnement social où la drogue, le suicide, la violence, l'alcool et les abus sont présents. Ce sont les aspects négatifs de la vie. Ne les laisse pas te séduire, mais découvre tes talents, vis de belles amitiés. Tu devras constamment faire des choix entre ces forces contraires.

Jennifer, nous grandissons avec toi. Vois notre amour protecteur comme des balises qui te gardent sur la route de la vie. Nous te suivons pas à pas, nous nous intéressons à ton bien-être, mais nous marchons de plus en plus en retrait, te laissant écouter la voix de ton cœur. Regarde tes frères et sœurs, ils te sont de bons exemples.

Nous t'adorons «petit pou», tu es une adolescente formidable.

Chapitre VI

Myriam

Née à Macao le 31 août 1981, tu es arrivée au Canada en 1983. Ton jugement d'adoption date du 25 mars 1987.

Ton arrivée restera toujours mystérieuse. Tu es entrée chez nous à un moment spécial : six jours après la naissance de Jennifer. À l'été 1981, notre dossier avait été présenté aux autorités de Macao afin qu'elles nous acceptent comme parents et nous confient ta garde. Nous fûmes stupéfaits lorsque le tribunal de Macao nous refusa son approbation. Alors que nous nous efforcions de t'oublier, tu es réapparue dans notre vie après deux ans de silence. Le destin avait peut-être préparé ses avenues pour toi. Que nos destinées se recroisent à un moment si particulier, c'était pour nous un bon présage. Nous avions le goût de cette expérience, ma grossesse ayant duré deux ans.

À Macao, tu vivais dans un orphelinat appelé Charitas Macao. Tu y étais venue à trois jours, couchée dans un panier déposé devant la porte d'entrée.

Sœur Liliane Cayer, une Canadienne, gérait cet établissement et s'occupait des adoptions. C'était une amie de ta grand-mère Bouchard. En juin 1981, nous lui avions écrit, lui demandant de nous présenter un enfant de Macao à adopter. Je voudrais que tu n'oublies jamais, Myriam, tout ce qu'elle a fait pour toi. Elle a été ta mère spirituelle, jouant un rôle inestimable, marquant le début de ta vie. Elle t'accompagnait à l'hôpital de Hong Kong pour les évaluations médicales obligatoires et préalables à toute adoption internationale.

Nous t'avons connue à trois semaines grâce à une photo de toi prise dans les bras de sœur Cayer. Elle nous parlait de toi, des petites malformations congénitales dont tu étais atteinte.

Nous étions prêts à t'accueillir, à t'accepter telle que tu étais. Puis l'étape bureaucratique de l'adoption a commencé. Nous préparions ton dossier, accumulant certificats médicaux, lettres de recommandation, évaluations sociales et familiales, traduits bien entendu en portugais, afin de nous faire accepter comme parents par les autorités du tribunal de Macao. Lors de cette première audience accordée à sœur Cayer en notre nom, les autorités refusèrent de te confier à nous; grande déception pour tous. Impuissants devant la décision de la magistrature, nous nous sommes inclinés. C'était certain, tu ne viendrais jamais chez nous. Nous devions t'oublier. Tu as été présentée à une autre famille.

Le temps a passé et j'étais enceinte de sept mois. Quelle ne fut pas notre surprise, lorsqu'en pleine nuit, nous avons été réveillés par un appel téléphonique de Macao. C'était sœur Cayer, nous offrant une deuxième fois, la possibilité de t'adopter. La conversation dura une heure. Je ne me souviens pas vraiment des détails mais, pour des raisons inexplicables, sœur Cayer avait reçu l'approbation du tribunal de te confier à nous.

Nous étions tous ravis de te voir réapparaître dans nos vies. Quelle grossesse joyeuse! un peu longue, mais désirée. Nous ne t'avions jamais oubliée. J'avais conservé tous les premiers documents, le dossier était complet. Nous étions en août 1983.

Depuis ton adoption, je dois dire que les procédures et les exigences en matière d'adoption internationale ont changé. Les attentes sont moins longues. Il faut compter un an en général et, dans la majorité des cas, les parents adoptants doivent séjourner dans le pays d'origine de l'enfant pendant trois à quatre semaines environ, afin de régler les formalités d'adoption.

Le 17 octobre 1983 tu atterrissais à Dorval. Exactement six jours après la naissance de Jennifer. J'accouchais donc deux fois la même semaine; des jumeaux dizygotes de deux ans et demi de différence. Notre famille passait alors de quatre à six enfants.

Entre ta naissance et ton jugement d'adoption, sept ans se sont écoulés.

Le soir de ton arrivée, mes parents étaient à la maison; ils avaient surveillé les enfants pendant mon hospitalisation. Je me réjouissais de leur présence, car ils ont pu accompagner Jacques, Parbin et Dominique à l'aéroport afin de t'y accueillir. Nous nous souvenions des longues attentes causées par les retards des vols internationaux au moment de l'arrivée de Parbin, du stress et de l'épuisement qui nous avaient frappés alors. Je décidai donc de rester confortablement et sagement à la maison afin de reprendre mes forces le plus vite possible. J'allaitais Jennifer et j'étais incommodée par des montées de lait. Je cherchais, avant tout, le calme et la quiétude. J'éprouvais toutefois de la peine de ne pas être là pour te recevoir à l'aéroport.

À la maison, nous t'avons prise dans nos bras pour te faire visiter chaque pièce de la maison. Même si tu ne comprenais pas ce que nous te disions, tu semblais prendre plaisir à ce jeu. «Ici, c'est la chambre que tu partageras avec ta sœur et voici ton lit.» Après avoir parcouru ainsi chaque pièce, nous sommes revenus au salon. C'est là que tu as pointé du doigt un tableau représentant des fleurs de pommier. Tu t'es agitée jusqu'à ce que je m'approche assez près pour que tu puisses le toucher. J'ai alors prononcé le mot «fleur» et tu l'as répété très clairement. J'ai ajouté : «Tu seras désormais notre petite fleur et nous espérons qu'avec nous, tu t'épanouiras comme ces fleurs. » Je venais de tracer pour toi mes désirs, mes ambitions. Ensuite, nous t'avons présenté le bébé de six jours, ta petite sœur Jennifer, reposant dans le berceau fabriqué par mon père, cinquante ans auparavant, pour la naissance de mon frère aîné. Ce berceau avait beaucoup de valeur à mes yeux et il servait maintenant à bercer doucement un autre trésor de la vie, le nôtre. J'étais heureuse de participer à ce miracle de la vie en portant en moi ces enfants que la nature me donnait et contente de pouvoir aimer également les enfants que nous adoptions.

En te serrant dans mes bras ce soir-là, mon cœur vibrait d'émotions; je savais que je t'aimerais de tout mon être. Notre famille était capable de partager, nous serions bien ensemble. J'accouchais de toi debout, sans douleur physique, admirant la branche de pommier en fleurs, signe des promesses des saisons, symbole de ton avenir au Canada. Nous venions de te déraciner; tu étais fragile, mais nous te transplantions dans un sol arable où nous espérions que tu pourrais grandir, te fortifier et être heureuse.

Du fait du décalage horaire, tu attendais ton dîner, alors que nous nous préparions à nous mettre au lit pour la nuit. On décida alors de recourir aux mets chinois. Jacques, en père attentif, revint du restaurant les bras chargés de petits sacs. Il était vingt-trois heures trente et les autres enfants dormaient profondément.

Mes parents sont retournés chez eux, laissant Jacques prendre la relève; exerçant son leadership, s'occupant de la maison, des enfants et des repas, il a été formidable. Il jouait son rôle de père à temps plein. Nous étions maintenant seuls à composer avec notre nouvelle famille.

Nous ignorions comment se ferait la première rencontre avec les autres enfants. Je ne savais pas si tu comprenais ce qui t'arrivait. Tu ne parlais ni français, ni anglais, mais chantais en chinois. Tout un monde nous différenciait. Nous avions préparé les enfants à t'accueillir et à faciliter ton intégration. Eux aussi attendaient cette petite sœur venue de l'Orient. Ils avaient vu ta photo et, maintenant, tu étais parmi nous. Ils savaient qu'ils devraient être patients avec toi, et te prêter leurs jouets.

Au matin, les enfants te scrutèrent avec intensité. À table, Ameer, Parbin, Dominique, Jonathan, Jacques et moi observions silencieusement tes réactions, évidemment rassurés de te voir tout à fait à l'aise dans le groupe. L'aventure commençait.

Afin que tu ne te sentes pas trop perdue, je t'offris un bol de riz comme déjeuner et, aux autres enfants, je leur préparai des œufs et des rôties. À notre grand étonnement, tu as repoussé ton assiette et m'as montré l'assiette de ta sœur. J'ai compris que tu t'adapterais vite et imiterais les enfants dans tous leurs gestes. C'était amusant et ta capacité d'adaptation était surprenante. Parbin et Ameer, à leur arrivée, préféraient le riz, les mets auxquels ils avaient été habitués au Bangladesh. Tu étais heureuse et t'es mise à chanter en chinois. *Que lon lie quan papa, papa pu ti tchen...* Tu exprimais ton contentement. Nous avons ri. Ainsi commença ta première journée au sein de ta nouvelle famille.

Les enfants devaient maintenant partager leur intimité avec cette inconnue et accepter l'arrivée de bébé. Comment chacun occuperait-il sa place et comment notre nouvelle cellule familiale fonctionnerait-elle? Serait-il possible d'accorder aux enfants une attention individuelle?

Comme prévu, j'allaitai Jennifer pendant les quinze semaines subséquentes. Cette expérience m'a permis de rester calme. Lorsque j'allaitais, j'étais obligée d'interrompre toutes mes activités. La tétée était un moment de relaxation et de repos obligé. Je refaisais mes forces lentement.

Jacques retourna au travail après trois semaines d'absence. Nous reprenions un nouveau rythme de croisière.

Des moments de crise, bien sûr qu'il y en eut. La lune de miel serait trop brève avec toi. La curiosité, l'émoi face à ta couleur, à ta langue, l'émerveillement de te voir chanter ou de t'exprimer en chinois ne durèrent que quelques semaines.

Les enfants n'allaient être bons et patients que temporairement. Je ne savais pas quand viendrait la prochaine étape où ils te considéreraient comme une des leurs, et refuseraient de te prêter leurs jouets les plus précieux. Je voyais que bientôt finiraient les politesses et les révérences qu'on accorde aux invités. Tu étais leur sœur, le principe de l'égalité s'appliquait désormais.

Déjà à deux ans et demi tu avais tes façons personnelles de nous dire ce qui te dérangeait. Tu hurlais dès qu'on t'approchait pour prendre un jeu que tu croyais à toi. Tu t'emparais des objets convoités; l'ourson de ton frère Jonathan, âgé de deux ans et demi lui aussi, provoquait des crises de larmes de part et d'autre.

Le temps passait et vous grandissiez ensemble, apprenant à vous respecter mutuellement. Toute la famille était devenue ton professeur. Lorsque tu pointais du doigt un objet, nous te faisions répéter le mot. Les trois petits, vous dormiez l'après-midi et j'en profitais pour me reposer. Jacques et moi vivions au rythme de la famille. Les soirées étaient très occupées à vous surveiller et à vous amuser. Heureusement, nous étions deux à partager le travail. De toute évidence, tu te plaisais à la maison.

Ta caractéristique la plus marquante était ta détermination. Tu avais un esprit très indépendant et une volonté ferme. Je trouvais ce trait de caractère prometteur, car il t'aiderait à faire ta place, et un jour, à poursuivre tes rêves, ta route.

Tu as vécu aussi des expériences racistes lors de ton passage au secondaire. Les remarques désobligeantes d'alors te blessaient amèrement. Au début, tu étais très renfermée et en gardais le secret. Tu ne savais pas comment te défendre. Une fois, Dominique est intervenue : «Tu vas laisser ma sœur tranquille sinon...» Elle ne tolérait pas qu'on te fasse de la peine, que l'on te reproche d'être chinoise. Tu te souviens de ses paroles dissuasives qui faisaient battre en retraite tout attaquant. Avec l'aide de la direction de l'école, nous avons pu intervenir. Avec le temps, tu as appris à te défendre.

Tu as été membre d'une chorale, tu as suivi des cours de natation et as fait partie d'une équipe de balle molle. À dix-huit ans, tu continues à pratiquer ce sport. Tu viens d'acquérir des patins à roues alignées, ce qui me dit que tu t'adonneras à d'autres activités sportives à l'avenir.

Ton adolescence s'est passée dans la recherche de ton identité. Tu as teint tes cheveux en rose, attirant beaucoup de regards. La musique est vite devenue ton refuge, et ton baladeur, ton meilleur ami. Le son en était si fort que nous pouvions l'entendre du deuxième étage, même si tu portais tes écouteurs. Travailleuse, tu as occupé un emploi de caissière dans un marché d'alimentation.

Enfin, en toi sommeillait un intérêt certain pour l'informatique. C'est à l'achat de notre premier ordinateur que nous avons découvert que tu avais beaucoup d'aptitudes pour cette nouvelle technologie. Tu y consacrais tous tes loisirs, faisant toi-même tes apprentissages en lisant sérieusement les volumineux manuels d'instructions que Jacques et moi boudions. À maintes occasions, nous t'avons surprise aux petites heures du matin t'activant à l'ordinateur. Tu étais complètement absorbée.

Après ton secondaire, tu as fréquenté la Cité collégiale t'inscrivant au programme coopératif en informatique. Tu sembles très satisfaite de ton choix et, pour te dire franchement, je crois qu'il a été judicieux.

Toute la famille apprécie tes conseils professionnels, ton soutien technique et ton centre de dépannage que tu laisses ouvert vingt-quatre heures sur vingt-quatre pour nous. Grâce à toi, les enfants acquièrent des connaissances inestimables et développent des habiletés en informatique. Tu es notre experte, la professeure d'informatique attitrée de Sébastien et nous sommes fiers de ta réussite.

À l'occasion, tu nous gâtes de boîtes de chocolat ou de friandises. Je te sens très attentive à nos anniversaires que tu ne manques jamais de souligner maintenant.

Tu as un avenir prometteur, Myriam. Mieux que quiconque, tu sais que Jacques et moi voulons ton bonheur. Tu connais, depuis quelques mois, le merveilleux sentiment d'aimer et d'être aimée. Tu t'en portes très bien. Tu t'épanouis, tu te transformes en belle jeune femme.

Continue à apprendre et à découvrir le monde, Myriam. La vie te sourit, Jacques et moi te suivrons dans tes découvertes. Nous t'aimons depuis que tu es entrée dans nos vies et pour toujours.

Chapitre VII

Pierre-Paul
Septembre 1985 à juin 1988

Pierre-Paul est un enfant handicapé que nous avons gardé en famille d'accueil pendant trois ans. À son arrivée il avait quatre ans. Je lui avais promis de l'adopter, mais je n'ai pas pu tenir mon engagement et cela m'a profondément blessée.

Si tu savais comme je désire t'aimer, Pierre-Paul. Je voudrais ressentir pour toi cette attirance et cette intimité qui me lient à Jennifer. Lorsqu'elle vient me voir le matin, j'ai le goût de la serrer dans mes bras et de caresser ses cheveux si doux. Je sais que tu souhaites les mêmes caresses et que tu y as droit. Sois patient, Pierre-Paul, car j'essaie de mon mieux.

Depuis que tu vis chez moi, j'ai observé ta persévérance et, surtout, ta serviabilité.

Tu es un bon petit garçon et tu travailles fort depuis ton arrivée. Je suis en train de t'apprivoiser comme le Petit Prince et sa rose. J'ai de plus en plus d'affection pour toi.

Je sens que tu cherches à répondre à mes attentes. Je me les suis peut-être fixées trop grandes et trop hautes. Tu es différent et tu ne peux pas les atteindre. C'est peut-être là mon dilemme. J'ai peur de me tromper. En pensant à demain, je me demande ce qu'il t'arrivera. Seras-tu capable d'être autonome? Lorsque je te donne ton bain, j'ai le temps de te voir tel que tu es. Je me dis que la partie est inégale. Tu es né avec le syndrome d'Apert. On t'a refait le crâne, on a opéré tes yeux, on a séparé tes doigts, et maintenant on te fait faire des exercices d'orthophonie afin que tu sois comme les autres, que tu leur ressembles... mais tu es différent et tu le seras toujours... tu es toi. J'ai essayé tous les jours, pendant plus d'un an, de te faire écrire ton nom et tu n'y parvenais pas. Je me suis même fâchée, croyant que c'était de la mauvaise volonté de ta part puisque des «spécialistes» (*sic*) m'avaient dit que tu n'avais pas de retard intellectuel.

Pourtant, ce matin, lorsque tu m'as apporté ta dent, j'ai souri, j'éprouvais de la tendresse comme l'aurait ressentie probablement ta mère. Tu avais grandi, Pierre-Paul, et je sentais que tu étais mon enfant. J'étais comblée à la pensée que je n'avais pas cédé au découragement. Il y avait eu tant de luttes en moi. Si souvent, des voix secrètes me disaient d'abandonner lorsque la partie devenait trop serrée et, ce matin, je me sentais triomphante. Tout à coup tu m'apparaissais un petit homme ordinaire. De même que tous les autres enfants de six ans, tu venais de perdre ta première dent. Je t'aimais Pierre-Paul, pour être comme les autres. Tu as eu droit à une très grosse gomme-balloune juste pour toi, pour fêter cette étape de ta vie. Je voyais l'excitation dans tes yeux, tu grandissais chez moi et tu étais heureux. C'était pour moi une récompense. Jennifer, Jonathan et Myriam ont accepté dans la joie que tu sois le héros de la journée. Que tes parents auraient été contents d'assister à cette scène! Comment auraient-ils célébré l'événement?

Souvent, je pense à ta mère. Je connais son nom et celui de ton père. Parfois, j'aurais envie de leur parler de toi. Elle doit être inquiète. Je suis certaine que tu remplis ses pensées. Dans le fond de son cœur, elle t'aime beaucoup. Elle aussi a eu peur... si peur de toi, d'elle-même, qu'elle t'a abandonné. Elle, qui avait déjà connu une première fois les joies de l'enfantement, souffre-t-elle encore de cette rupture? Je vis avec toi des expériences qui lui reviennent.

L'étape de l'acceptation et de l'intégration d'un nouveau membre dans une famille peut exiger beaucoup de temps. À cause de ton handicap, j'ai vécu, au sein même de ma famille, le phénomène de ton rejet par quelques-uns des enfants. Avec toi, le chemin s'est lentement ouvert, mais la route a été longue. Même un an et demi plus tard, j'ai remarqué des gestes de rejet inconscients chez eux. Un jour, je me rendais au magasin avec Jennifer, âgée de trois ans; Myriam avait cinq ans, Jonathan, cinq ans et toi, six ans. Quand est venu le moment de traverser la rue, j'ai dit : «Tenons-nous tous par la main pour traverser». Myriam, qui se trouvait près de toi, a catégoriquement refusé de te donner la main. Pourquoi? Je ne sais pas, mais c'était clair pour elle et il n'en était pas question. Ton enseignante m'a dit que le même phénomène se produisait à l'école lorsque les enfants devaient se prendre par la main pour une ronde ou une danse. Plusieurs copains refusaient ou changeaient de place afin d'éviter de te tenir la main. Nous croyons que, subtilement, tes camarades te rejetaient. Ils étaient très conscients de ton handicap et plusieurs ne pouvaient le surmonter et avoir des contacts physiques avec toi. Tes mains sont toujours moites et tes doigts, difformes. Tu n'as que quatre doigts dans chaque main parce que tu es né les mains palmées. Le premier contact main à main est toujours surprenant.

Après que j'eus parlé à Myriam, elle t'a pris la main en disant : «Viens, Pierre-Paul, on va courir et arriver les premiers». J'étais satisfaite; c'était un geste positif et Myriam a su te tendre la main. Cela fait partie de l'éducation que je tiens à transmettre aux enfants. Nous devons faire des gestes qui dépassent nos instincts. Je trouvais que cet incident avait une drôle de coïncidence, puisque Myriam, qui t'a aidé à traverser, t'a tendu sa petite main défectueuse. Personne n'a refusé jusqu'à maintenant de lui tenir la main, personne n'a encore remarqué. Myriam est née avec une légère paralysie faciale du côté gauche; son oreille gauche est restée petite et, lorsqu'elle sourit, sa bouche est de travers; sa clavicule présente une imperfection, son bras gauche est plus court, son pouce gauche reste immobile et inutilisable. Cette petite anomalie n'a jamais causé de difficulté, tellement elle est imperceptible. Pour s'en rendre compte, il faut l'observer attentivement.

Toi et Myriam jouiez ensemble, riiez ensemble. Il restait encore du chemin à parcourir, mais je savais que le soleil brille toujours au-dessus des nuages.

Ce que Dominique a eu de la difficulté à accepter, c'était de voir ton nez couler, surtout à table. Cela la répugnait, disait-elle. Dominique était aussi consciente de ta lenteur intellectuelle, ce qui l'irritait beaucoup. Au début, elle a même refusé à plusieurs reprises de nous accompagner dans des endroits publics si tu venais. Elle a même menacé de quitter la chorale si tu en devenais membre. Cinq des enfants ont fait partie de la chorale Les Rossignols de Brossard, Dominique au même titre que toi. Il y a eu des moments où j'avais mal à l'âme. Je me demandais si tu venais briser notre rythme de croisière. Est-ce que les enfants ne trouvaient pas cela trop lourd? Je m'accrochais à la pensée que le temps allait arranger les choses. Dominique était forte et elle gagnerait cette bataille.

Comme parent, éducatrice, j'avais beaucoup de travail à faire. Un an et demi plus tard, je dirais que Dominique était devenue une grande sœur aidante, et je crois l'avoir aimée davantage depuis qu'elle avait franchi ce pas difficile. Afin d'éviter que tu te fasses gronder, avant de se mettre à table, elle te faisait penser à apporter un mouchoir. À plusieurs reprises, je me suis attendrie devant les gestes maternels de Dominique à ton égard. Il lui est arrivé souvent de replacer ta tuque et de te remettre tes mitaines. Elle te faisait la classe. C'était pour moi un réconfort et, malgré tout, un soutien réel.

Parbin, elle-même blessée dans sa chair, me disait combien elle avait été surprise de te voir la première fois. Même si elle avait vu des photos et que nous en avions parlé ensemble, elle trouvait qu'il existait une grande différence entre la photo et la réalité; tu paraissais laid et ton comportement la stupéfiait. Pourtant, après cette première rencontre avec toi et ta famille d'accueil, elle ne nous avait pas parlé de ses appréhensions. Elle voulait te donner une chance. Elle s'était tue, gardant son secret. Inconsciemment sans doute, elle voulait être juste. Ne l'avions-nous pas acceptée avec sa paralysie cérébrale?

Tu allais venir et nous nous efforcerions de te développer, de te pousser au bout de tes limites. Parbin s'est rendu compte de ta lenteur intellectuelle pendant sa longue convalescence. Parbin a passé huit semaines alitée à la suite d'une chirurgie aux jambes. Pour occuper son temps, je lui demandais souvent de jouer à l'école avec toi. Au bout d'une semaine de travail, tu ne pouvais toujours pas compter jusqu'à cinq et reconnaître quelques lettres de l'alphabet. C'était ta cruelle réalité. Tu ne pouvais pas apprendre au même rythme. Même si tu étais là depuis un an et demi, jamais Parbin n'avait été mise devant cette évidence. Elle voulait abdiquer et renoncer à cette tâche.

Mon mari et moi avons toujours voulu que nos enfants grandissent dans un monde meilleur, un monde de partage, un monde où l'on respecte l'autre, et l'autre différent. Pour nos enfants, «le monde», c'est d'abord notre propre maison.

Jennifer n'avait que deux ans à ton arrivée. Tu es vite devenu son ami, son complice. Vous jouiez ensemble à cache-cache. Elle ne voyait pas de différence. Pour

Jennifer, Pierre-Paul c'était Pierre-Paul, tout simplement. Vous étiez de bons amis, tu faisais partie de sa vie. Elle adorait jouer à la coiffeuse avec toi et te séchait les cheveux après le bain. Vous étiez très beaux ensemble. Les expériences de sa tendre enfance avec toi marqueront son subconscient pour la vie. Lentement, elle prenait conscience des différences physiques de son frère. Comme la vie est simple pour les tout petits enfants.

Un jour, à table, tu m'as demandé combien tu avais de doigts. Je t'ai répondu : «Comptons les doigts de ta main ensemble.» Jonathan, Myriam et Jennifer arrivaient toujours à cinq doigts pour chaque main, mais tu n'en avais que quatre. C'est alors que je fus témoin d'une scène très cocasse, mais combien touchante. Jennifer, levant sa main, te dit : «Tu as quatre doigts, cela ne fait rien. À moi aussi il manque un doigt, regarde.» Et elle t'indiqua l'espace entre l'index et le pouce. J'ai alors éclaté de rire. Jennifer avait trois ans et demi. Elle se croyait handicapée. Je rappelle cette anecdote car, pour tout l'or au monde, je ne voudrais l'oublier; et je souhaite que Jennifer sache jusqu'à quel point, dès sa petite enfance, elle était charmante. Sans le savoir, elle me faisait réfléchir. Tout était simple pour elle. Pourquoi les adultes étaient si intolérants? Peut-être ont-ils perdu leur âme d'enfant? L'adulte s'arrête souvent, hélas, aux apparences, à la surface, et tu es, Pierre-Paul, un être qu'il faut scruter pour en découvrir la beauté. Tu es un ange dans un corps blessé.

Nous aimons tous avoir des enfants parfaits. Nous nous enorgueillissons de leurs réussites, nous nous vantons de leurs exploits et c'est tout à fait normal. Nous nous rendons compte très vite que tout n'est pas parfait. Que tout est à refaire constamment.

Lorsque tu as eu cinq ans et demi, tu es entré à la maternelle. Nous avions préparé ton entrée progressivement.

L'enseignante avait parlé aux enfants de ta classe afin qu'ils soient gentils à ton égard. Tous les matins, je t'accompagnais à l'arrêt d'autobus. Tu ne reconnaissais pas ton chemin. J'entendais les enfants chuchoter : « Il est laid. » « Regarde ses mains. » Après quelques jours, je décidai d'intervenir et de parler aux enfants. Je leur ai expliqué ta réalité, ton handicap. J'insistai pour leur dire que tu avais besoin de leur soutien et de leur entraide. Après quelques semaines, tu pouvais revenir tout seul de ton arrêt d'autobus. J'en ai été très heureuse et soulagée.

Pendant trois ans nous avons investi dans l'intégration de Pierre-Paul. J'avais toujours des doutes lorsque des voisins se plaignaient de son comportement. Est-ce que ce n'était pas trop? Nos enfants souffriraient-ils des remarques et des commentaires désobligeants envers Pierre-Paul? À mesure que les petits grandissaient, ils étaient de plus en plus sensibles aux réactions des voisins et des étrangers qui nous observaient. J'excusais les bévues de Pierre-Paul auprès de la famille, des voisins, à l'école, dans la rue, auprès des amis. Je passais beaucoup de temps à m'occuper de ses besoins spécifiques, me culpabilisant souvent de négliger les autres enfants.

Vingt-et-un juin 1988, c'est ton départ. Que s'est-il donc passé? Je ne comprends pas. Nous sommes incapables d'aller plus loin ensemble. Je t'ai donné le meilleur de moi-même. Nous avons pris du temps, beaucoup de temps à découvrir que nous ne pouvions pas t'aimer comme cela devait être. Nous t'aimions d'amitié; nous avions de l'attachement pour toi, mais ce n'est pas suffisant, bien insuffisant pour bâtir notre vie ensemble. Je crois que tu nous aurais reproché plus tard de t'avoir menti sur cette vérité aussi fondamentale; en amour, il ne faut pas faire semblant. Nous avons pendant près de trois ans partagé notre vie de famille. Pierre-Paul, si tu savais comme cette décision a été difficile à prendre. Je dirais que ce fut l'expérience la plus traumatisante de ma vie. J'étais la seule à savoir tout le travail qui avait été accompli, tu avais fait tellement de progrès! Tu nous aimais Pierre-Paul. Je me suis aperçue que j'avais des limites et que je n'étais pas invincible. J'ai passé plusieurs nuits à analyser les pour et les contre. J'étais émotivement tiraillée. Peu importe toute la logique de mes réflexions, ton cœur réclamait davantage.

Au revoir, Pierre-Paul, je te pleure encore aujourd'hui et je pense à toi avec affection. Quand je regarde l'album de photos, je te sens près de moi, et les souvenirs qui me reviennent sont beaux. Merci, ton passage dans ma vie m'a marquée profondément.

Je sais que tu as rencontré de magnifiques parents qui t'ont adopté légalement. Maintenant, tu as ta famille et je suis heureuse pour toi, tu y avais droit.

Chapitre VIII

Bébé
17 octobre 1985

J'ai perdu un enfant pendant la grossesse. Ce fut un triste moment. Nous avions désiré cet enfant avec autant de passion que les précédents.

Depuis trois jours, l'inquiétude me gagnait. Au lit pour quinze jours! Je refusais de croire au premier diagnostic. J'ai donc consulté une seconde fois. Non, ce malheur ne pouvait pas arriver... pas à moi. J'étais en forme et je croyais que cela était suffisant. Je n'allais pas perdre ce bébé si désiré. Si je restais calme, tout pourrait revenir à la normale.

Pendant deux semaines j'ai caressé mon ventre, délicatement, comme on cajole un bébé malade. Les enfants l'embrassaient en passant, dans l'espoir de charmer bébé afin qu'il lutte pour vivre. Il ne fallait pas déranger bébé, dans quelques mois il serait parmi nous. C'est à cette pensée que je m'accrochais et à rien d'autre.

J'avais l'impression que mon corps me boudait. Il était le maître et me le faisait savoir. Puis tout est arrivé si vite. Je ne maîtrisais plus rien, hémorragie... urgence... échographie. Je fixais l'écran, scrutais le visage de la technicienne. Silence... le médecin me le confirme... bébé a refusé de se battre davantage... Je ne comprenais pas pourquoi, mais c'était ainsi. Les larmes ruisselaient et mouillaient l'oreiller. Cette quatrième grossesse, voulue, nous réjouissait tant. Tu ne t'es pas laissé bousculer, tu étais de nature trop délicate... J'ai eu très mal, beaucoup de chagrin. Bébé était déjà présent, un des nôtres; il avait sa place à la table et son siège allait désormais rester vide.

Tous les 17 octobre depuis, j'ai un pincement au cœur à la pensée que tes frères et sœurs grandissent et que tu es resté à l'aube de ta vie.

Puis, j'ai fait le bilan de ma vie. Je me suis essuyé les yeux, j'avais le désir de continuer. Je me trouvais chanceuse d'avoir reçu en héritage le goût de vivre et il me restait ma liberté de choisir, d'avoir d'autres enfants.

Jacques et moi avons convenu de nous donner rendez-vous. Depuis, deux enfants se sont ajoutés. Mathieu est né le 19 janvier 1988 et Sébastien le 19 janvier 1991.

Chapitre IX

Mathieu

Tu es né le 19 janvier 1988, à l'hôpital Saint-Luc, de Montréal.

Depuis le 27 mai, tu es présent. Tous les enfants sont heureux de ta venue et, ensemble, nous préparons ton petit nid. Ce midi, lorsque j'ai annoncé la nouvelle aux enfants, il fallait voir leur visage s'illuminer. Ce sera un garçon? Non, une fille? Comment va-t-on l'appeler? Si on cherchait des prénoms ensemble. Comme on n'allait pas se souvenir de toutes les suggestions, Dominique, alors âgée de huit ans, conclut qu'il fallait préparer deux boîtes dont l'une contiendrait les prénoms féminins et l'autre, les prénoms masculins. Quelques jours plus tard, les deux boîtes de scrutin, bien installées sur la table du salon, attendaient patiemment que chaque votant vienne y déposer son bulletin. Ameer avait dix-sept ans, Parbin, treize, Jonathan et Myriam, cinq, Pierre-Paul six, et Jennifer, trois ans et demi. Au cours du premier vote, je les ai observés. Les petits demandaient l'aide des plus grands. Très respectueusement, ils déposaient leur bout de papier dans l'une des urnes. Ainsi, avec la croissance de bébé, s'allongeait la liste des noms. Au gré de leur imagination, ils ont voté à maintes reprises, les élections s'échelonnant sur quelques semaines. Plusieurs votes ont dû être annulés; les petits s'étaient risqués seuls. Fascinants gribouillis! Délicieuse enfance!

C'est donc en août que la boîte des noms féminins a disparu. L'échographie nous rapprochait de toi, nous confirmait que tu serais un garçon. Je t'observais sur l'écran, j'apercevais pour la première fois un fœtus en mouvement; je m'émerveillais devant la technologie et, surtout, devant le miracle de la vie. Je voyais tes petits poings, tu bougeais, tu étais là tout entier. Nous étions si contents! Déjà tu étais très vivant à nos yeux, tu avais une partie de ton identité.

«Maman, qui seront ses parrains?» demandaient les enfants. Ils voulaient s'assurer que te soient reconnus tes droits à un parrain et à une marraine. À leurs yeux, ce sont des personnes très importantes puisqu'ils leur apportent affection, tendresse et, bien sûr... des cadeaux tout au long de l'année. En plus, chaque été, la même journée, les enfants sont pris en charge par leurs parrains. Nos jeunes adorent ces vacances et nous aussi. C'est un repos qui nous fait du bien et une fête pour les petits filleuls qui se laissent facilement gâter. Il existe donc un lien spécial entre eux.

Sans te connaître, nous désirons tous t'aimer. Tu recevras l'amour à profusion. Nous serons neuf à te cajoler, à t'embrasser, à nous occuper de toi. Tu ne manqueras pas d'attention. Depuis longtemps nous te désirions, ton père et moi, et tu seras notre trésor commun. Tu es le résultat d'un amour vivant qui dure depuis bientôt dix-sept ans. Tes petits bras, enlacés autour de mon cou, surpasseront tous les colliers de perles. C'est ainsi que je te vois. Tu seras mon bijou le plus précieux et je te porte en moi fièrement. Pour porter un enfant, il faut croire en l'amour, en demain.

On te caresse doucement. On te gâte, puisque maman a droit à un deuxième «banana split» parce que, celui-là, t'est réservé. Jennifer, âgée de trois ans et demi, m'a dit l'autre jour : «maman, prends une gomme pour bébé.» Je la trouve attachante. Je n'ai pas besoin de l'approbation du monde extérieur. Ma famille m'aime et m'entoure. Déjà, à l'arrivée de Pierre-Paul, le septième, certains s'inquiétaient. On disait que j'étais sûrement folle d'avoir tant d'enfants. Je trouve, parfois, qu'il est plus facile de vivre ma vie sans jamais être comprise que de passer mon temps à m'expliquer. Maintenant, j'ai appris à lire sur les visages; je souris à ceux qui me réconfortent et tourne le dos aux regards désapprobateurs. Je ne veux pas recevoir d'influences négatives, j'ai besoin de mon optimisme pour toi, tu as été conçu dans la joie et la paix et je te porterai dans cette atmosphère.

À chaque visite chez le gynécologue, je peux entendre ton cœur battre vigoureusement au stéthoscope. J'avais hâte de le sentir vibrer au rythme du mien. Je suis rassurée, car tout va bien. Nous parlons de toi de plus en plus, tu alimentes nos conversations quotidiennes.

Ce matin le médecin m'a offert de passer une amniosynthèse. Tu sais pourquoi? Parce que cet examen nous permet de déceler des anomalies du fœtus. Il m'a aussi demandé si, au cas où l'on dépisterait un handicap grave, j'accepterais de subir un avortement. «Pensez-y bien et si vous décidez de poursuivre votre grossesse, quels que soient les résultats, alors l'amniosynthèse est inutile et trop dispendieuse.» J'ai aimé la franchise de cet homme et sa façon directe de dire les choses. Il n'a fait aucune pression pour influencer ma décision. Il m'avait simplement donné l'information. J'avoue que tout cela m'a bouleversée. Et si on découvrait une anomalie grave? Pendant plusieurs jours, je fus anxieuse et dormis mal; serait-il possible que bébé soit handicapé? J'avais trente-neuf ans, et les risques augmentent avec l'âge de la mère, dit-on. Je m'inquiétais de cette éventualité.

Nous avons finalement cru qu'il fallait faire confiance à la vie et ces nuits d'angoisse se sont transformées en journées d'espérance. Je me suis concentrée sur la préparation de ton berceau, sur ma santé afin d'être en forme pour t'accueillir. J'avais hâte et je cajolais mon ventre; nous étions déjà deux complices. Nous sommes partis en vacances, au chalet. Un mois au grand air en présence de toute la famille. On prendrait soin de toi. Tous les matins, pour garder maman en forme, Jacques et moi faisions une marche de trois kilomètres.

Les jours suivants furent consacrés à repeindre en blanc le berceau dans lequel dormit Jennifer, cinq ans plus tôt, et à rendre ton lit douillet.

Le 19 janvier, à deux heures quarante-neuf, nous te tenions dans nos bras pour la première fois. L'infirmière t'avait coiffé d'une petite tuque. L'allaitement et les couches jetables furent, comme à chaque naissance, mes indiscutables et non négociables alliés.

À dix mois et demi tu marchais. Ta curiosité t'amenait à découvrir tous les recoins de la maison. Tu me suivais partout, je me sentais presque épiée. Tu te faisais prendre dans les bras si souvent que j'avais l'impression de te porter une seconde fois. Tu criais très fort, jusqu'à ce que je comprenne que tu souhaitais t'asseoir sur le comptoir de la cuisine pour me regarder travailler. Bien entendu, tu pouvais goûter le premier à chacune de mes recettes pour t'assurer de la qualité de mes plats. Tes sourires en disaient long. Ils étaient des récompenses à tous mes gestes journaliers et répétitifs qui, sans toi, auraient été monotones. J'ai passé de longs moments à observer tes jeux. Tu étais beau à regarder; j'étais comblée.

Je ne m'attendais pas à te voir grandir si rapidement. C'est vrai que tu as été choyé par tes frères et sœurs. Des applaudissements, il en pleuvait à chacune de tes prouesses. Je crois qu'ils ont été ta motivation. Mathieu, tu es chanceux d'être entouré de grands frères et de grandes sœurs qui contribuent aussi positivement à tes apprentissages.

Tu as délaissé tes petits jouets et tu t'es adonné à cœur joie à la découverte du monde des adultes. Un matin, les deux mains dans la cuvette des toilettes, tu t'activais. J'ai souri en pensant que tout recommence, car ce petit geste enfantin, innocent, tes frères et sœurs l'ont fait avant toi.

Ta soif de découvrir t'attirait parfois des ennuis. Un jour, tu t'es coincé les bras dans le tiroir des ustensiles de cuisine. J'ai accouru à tes cris de panique. J'ai appris, avec le temps, qu'une caresse ou un «bec bobo» demeure la médecine la plus efficace dans ces situations. Tu jouissais de ma constante présence à tes côtés.

Mathieu, tu étais très espiègle. À trois reprises, durant la même semaine, j'ai retrouvé les crayons de Jennifer dans le sac de pommes de terre. Tu étais amusant. J'ai cru alors que tu serais le plus taquin de la famille.

Ton apprentissage de la langue se faisait normalement : tu répétais les mots maman, papa, bas, en haut, bébé, salut, allô, bobo, pipi, et quelques mots anglais, par exemple doggy. C'était toujours une grande joie pour moi de les entendre de ta bouche. À ce jeune âge, tu adorais les chiens et les chats et tu étais tellement surexcité à leur vue que tu étais intenable. Fasciné par les autres enfants, tu courais au-devant d'eux pour les embrasser, quoique ceux-ci n'appréciaient pas toujours, à leur juste valeur, tes élans d'amitié. Oui, je crois que tu seras entouré de nombreux amis, moqueurs comme toi.

À deux ans et demi, tu as quitté la chaise haute, préférant un petit siège que j'ai placé à la table; tu as ainsi changé de statut, accédant au rang des grands, tout en demeurant le toutou des plus grands.

Souvent, nous te trouvions endormi dans le lit de ta sœur Jennifer, en compagnie de l'ourson de peluche blanc de Dominique. Même si elle te grondait parce que tu le lui avais dérobé, elle te l'apportait de bon cœur chaque fois que tu le réclamais pour t'endormir. Je dois te dire que, moi aussi, j'aime bien cet ourson. Bientôt, ce ne seront que de bons souvenirs.

Je dois te raconter une histoire bien drôle, un tour que nous t'avons joué. Un jour, nous étions, Jacques et moi, étendus sur le bord de l'eau, lorsque tu nous as apporté un nid d'oiseau vide. Tu devais avoir quatre ans.

– Penses-tu maman que les oiseaux pourraient pondre un œuf dans mon nid?

Je t'ai proposé de déposer le nid sur une branche d'un jeune arbre que nous venions de planter.

– Si tu laisses le nid assez longtemps, un oiseau viendra peut-être.

Puis, tu venais souvent demander :

– Est-ce qu'il est venu?

De connivence avec Dominique, nous avons mis un œuf de poule dans le nid. Il fallait voir ta stupéfaction lorsque tu as découvert l'œuf.

– Maman, viens voir, j'ai un œuf dans mon nid, un oiseau est venu!

Très sérieuse, je me suis approchée du nid pour constater la présence de l'œuf. Tu t'exclamais : wow! oh! ah! scrutant l'énorme œuf. Jennifer et toi vous demandiez quelle sorte d'oiseau pondait un si gros œuf.

– Je crois que c'est un œuf d'aigle.

C'était plausible, il y a un nid d'aigle dans la montagne. Dominique, excellente actrice, jouait le jeu.

– As-tu vu l'oiseau, maman?

– Pas du tout.

Alors Mathieu ajouta :

– Je vais me cacher pour surveiller s'il va revenir.

– Je crois que tu ferais mieux de rester loin du nid, si l'aigle te sent, il ne reviendra pas. Il faut être très patient. Cela pourrait prendre toute la journée. Va jouer et je t'appellerai si je le vois. Tous retournèrent à leurs activités.

Aussitôt que tu eus disparu, on replaça un deuxième œuf dans le nid et on te rappela. Tu jubilais... appelant les autres enfants. Jonathan, âgé de sept ans, incrédule, se mit à rire en apercevant les deux œufs côte à côte. Il donna son avis :

– Ils ressemblent plutôt à des œufs de poule.

Longue analyse et comparaison avec ceux du réfrigérateur.

Jacques et moi, retournés à nos chaises, suivions le déroulement. Nous vous avons entendus rire aux éclats. L'espièglerie était terminée. Dans une famille, si on se taquine, c'est parce qu'on s'aime.

Ton entrée scolaire a eu lieu aux Îles-de-la-Madeleine. Ce passage s'est fait dans la douceur. Souvent vêtu de salopettes, tu te rendais joyeusement en classe, content de retrouver de nombreux copains de ton âge avec qui partager tes jeux. Tu grandissais vite et tes intérêts se développaient.

L'argent te fascine; tu es devenu collectionneur, un vrai numismate, négociant très bien tes pièces et investissant régulièrement dans ta collection. Jacques partage avec toi ce même intérêt. Tu as visité avec grande curiosité la Monnaie Royale et la Banque du Canada, à Ottawa.

Perspicace et rapide comme l'éclair, tu déplaces beaucoup d'air. Toujours très occupé, tu te transformes en jeune adolescent; ta casquette bien collée sur la tête, tu boudes la brosse à cheveux. Responsable, tu es brigadier et je peux te confier la garde de ton jeune frère pendant quelques heures. En juin dernier, tu obtenais ton douzième niveau en natation. Nous étions fiers de toi. Tes patins à roues alignées, dès le début du printemps, remplacent les patins à glace et te conduisent à des kilomètres de la maison, ce qui justifie tes nombreux retards à l'heure des repas... Si ta montre ne garde pas bien l'heure, la faim, elle, te ramène toujours dans notre cuisine! En septembre, nous entrevoyons un changement important puisque tu commenceras ton secondaire.

Que de chemin parcouru depuis 1988! Cher Mathieu, ton père et moi t'aimons et sommes fiers de toi. Tu as énormément de talents. Continue à te passionner. Tu vivras intensément. Notre amour pour toi est inconditionnel.

Chapitre X

Sébastien

Cher benjamin, tu es né le 19 janvier 1991, à l'Hôpital Saint-Luc, de Montréal.

Nous avons été aussi émus et enivrés par ta naissance que pour celle de tes frères et sœurs. Nous examinions mon ventre s'arrondir par ta présence et nous te considérions déjà comme un des nôtres. Nous savions que tu t'appellerais Sébastien, l'échographie nous ayant révélé ton sexe quelques mois après le début de ma grossesse.

Ton arrivée dans le monde correspond à un événement international majeur, la crise du Golfe. Ton père et moi étions préoccupés par la situation internationale. À quatre heures trente, en ce matin de janvier 1991, Jacques nous conduisait à la salle des naissances. Il lisait les journaux et écoutait la radio; nous discutions de la situation mondiale, nous craignions cette guerre. Alors que le monde entier retenait son souffle, je livrais un tout autre combat, je te mettais au monde. Je pensais à tous les jeunes soldats, à leur mère, et je me disais que nous ne voulons pas mettre d'enfants au monde pour qu'ils se battent. Toutes les guerres m'apparaissaient stupides. Comment ne pas nous révolter contre les gouvernements qui envoient nos enfants au combat pour des raisons politiques ou ethniques. La situation dans le monde était loin d'être enviable. Bien sûr, tu arrivais dans un système imparfait, mais ayant beaucoup à offrir.

Ce matin-là, Sébastien, j'ai été soulagée de t'accueillir dans un pays libre, sans conflit armé, sans guerre de religion ou d'idéologie. Contrairement à des millions de femmes qui, au même moment, donnaient naissance à leur enfant dans des conditions misérables et insalubres, j'étais choyée par toutes les attentions médicales à notre égard. Malgré les douleurs, les contractions qui se faisaient de plus en plus intenses, ta naissance, je le savais, m'apporterait de la joie.

Ma cinquième grossesse a été une décision très sérieuse et un choix bien mûri entre Jacques et moi. En effet, tu as fait l'objet de plusieurs heures de profonde réflexion. Nous discutions de nos options; allions-nous contribuer à augmenter la population mondiale en ajoutant un autre être humain ou nous arrêter aux sept enfants que nous avions déjà?

Enfin, Sébastien, au moment où nous nous interrogions sur la possibilité de te créer, j'avais entrepris en 1990 des études de maîtrise en éducation. J'aimais apprendre et c'était pour moi une distraction de la maison, un loisir, et j'avais l'impression de me gâter, de m'offrir un cadeau. Même si c'était exigeant, je ne délaissais pas ma famille. J'adorais mon passe-temps. Je désirais aller jusqu'au bout et obtenir mon diplôme. Je n'abandonne pas facilement un projet...!

Toutes raisons logiques de ne plus concevoir d'enfants mises à part, je pense que nous étions toujours amoureux. Nous te désirions vraiment. Nous t'avons conçu dans l'allégresse, sachant que tu serais à jamais notre benjamin. J'étais bien décidée à ne pas abandonner mes études. J'ai donc assisté à mes cours jusqu'au huitième mois de ma grossesse et j'ai pu terminer ma session d'automne. Après six mois de congé de maternité, je repris avec enthousiasme ma vie d'étudiante, là où je l'avais laissée. Je travaillais plus efficacement, ayant installé un bureau au sous-sol et je profitais de ton sommeil pour me consacrer à mes études. En décembre 1992, je déposais ma thèse intitulée : *Le vécu scolaire d'adolescents issus de l'adoption internationale, et présentant les caractéristiques d'une minorité visible au Québec*, heureuse d'avoir mené ce projet à bien. Tu n'avais donc pas compromis mes études; au contraire, ta venue m'avait stimulée et accordé un moment de repos des livres de classe, contribuant ainsi à me donner un second élan. Si tu n'avais pas été là, j'aurais vraisemblablement achevé ces études plus vite, mais qu'importait à la bibliothèque de l'Université de Montréal d'avoir sur ses rayons une thèse de maîtrise un an plus tôt ou plus tard. J'avais la conviction profonde d'avoir fait le bon choix en te donnant la priorité. Le monde recommençait avec toi. Et je crois que le projet d'avoir des enfants doit devenir une des grandes finalités d'un couple. Il n'existe pas de moment idéal pour avoir des enfants. Il est plus facile de remettre à plus tard les projets ponctuels et ne pas déranger sa vie. Cependant, l'enfant doit être désiré par le couple, car sa présence, tout en apportant la joie, exige des sacrifices.

À la collation des grades, j'avais amené trois des enfants et, sur le podium, en acceptant mon parchemin, j'ai salué respectueusement le recteur, puis je suis rentrée à la maison afin de m'occuper personnellement de ton éducation. À ce moment-là, j'étais encore plus convaincue que tu étais mon projet le plus important, ce que je valorisais le plus au monde. Je savais ma présence irremplaçable auprès des enfants. J'étais jalouse de ce rôle, j'y tenais. Je voulais assurer la stabilité familiale nécessaire à votre petite enfance. C'était une option bien personnelle et aussi un choix de couple. Jacques acceptait ainsi de continuer à subvenir à nos besoins matériels. Nous faisions confiance en l'avenir.

Je concevais la famille comme une petite ou moyenne entreprise. Du fait des multiples responsabilités à l'égard des enfants, je comparais mon travail à la maison à celui de chef d'entreprise. À ceux qui me demandaient ce que je faisais dans la vie, je répondais que j'étais présidente directrice générale d'une P.M.E.. J'avais une grande estime de mon rôle. Je pratiquais et apprenais toutes les professions et tous les métiers directement dans mon laboratoire familial. Je devenais, lentement, psychologue, thérapeute, cuisinière, couturière, infirmière, administratrice, planificatrice, organisatrice, secrétaire... Au cours des ans, j'ai acquis une compétence multidisciplinaire, mais ignorée et non certifiée. La société ne reconnaissait pas et ne reconnaît toujours pas le travail des femmes qui choisissent de rester à la maison pour s'occuper à plein temps de l'éducation de leurs enfants.

Nous étions différents, nous avions décidé de faire route à part. Comme couple, c'était notre rêve, notre réalisation. Nous nous soutenions mutuellement, travaillant en étroite collaboration.

Et toi, Sébastien, tu te développais bien. Comme tous les autres, tu faisais notre joie. Je t'ai allaité pendant quatre mois avant de te confier à Materna. J'étais fatiguée et j'avais besoin de refaire mes forces. Tu as découvert lentement le monde et, pour moi, tu représentais le recommencement. Parce que tu étais notre dernier, chaque fois que tu atteignais un nouveau sommet, que tu gagnais un peu plus d'autonomie, c'est comme si je fermais une porte derrière moi. J'étais un peu triste, mais j'éprouvais en même temps un merveilleux sentiment de satisfaction. J'étais très fière de l'accomplissement que constituait ma famille. Je savourais ta présence parmi nous. Nous nous libérions ensemble; adieu les couches, les bouteilles, nous grandissions et je prenais le temps de te contempler.

Souvent, Sébastien, tu m'étonnais par des remarques très personnelles traduisant des émotions, des sentiments. J'avais noté celle-ci. Tu avais deux ans et demi. Tu sortais du bain et, debout devant le miroir, tu te regardais et tu m'as dit tout bonnement : «Check comme su beau.» J'ai ri de bon cœur et j'ai répondu : «Je suis d'accord, tu es le plus beau petit garçon que je connaisse».

Tranquillement tu t'es préparé à l'école; tu étais un enfant sage qui s'intéressait aux livres, et tu te concentrais facilement. Tu préférais la compagnie des plus grands et tu étais plus mûr en général que les enfants de ton âge. Je me souviens un jour, c'était aux Îles-de-la-Madeleine, nous étions dans un magasin de tissus et il y avait un escalier conduisant au sous-sol. Un bambin s'est approché de l'escalier. D'un geste rapide, tu t'es placé dos au danger qui le guettait et tu as étendu les bras afin de l'empêcher de tomber. Tu essayais de lui expliquer de ne pas s'approcher, parce que c'était dangereux. Tu m'es apparu si grand, et pourtant, tu n'étais qu'une « boule de gomme » de trois ans.

Lorsque tu avais des médicaments à prendre, tu m'y faisais penser. Je me souviens aussi des visites chez le médecin. Tu lui posais des questions sur ta maladie, les causes de ton rhume ou de l'irritation de ta gorge, et tu en discutais comme un adulte. Ensuite, avant de partir, tu lui demandais, par exemple, comment éviter un mal de gorge. C'était ton oncle qui te recevait ce jour-là à son cabinet. Il me fit un clin d'œil complice, puis il répondit : «Eh bien, mon Sébastien, pour prévenir les maux de gorge, il faut que tu évites d'embrasser les filles.» J'ai quitté le cabinet en riant aux éclats. Je m'amusais beaucoup en ta compagnie.

Tu es entré à la maternelle à quatre ans après avoir obtenu une dérogation. Cependant, tu te plaignais que c'était ennuyeux. Je me souviens de petites discussions entre nous, on parlait de l'école et tu m'as dit :

– Maman, je n'aime pas aller à l'école.

– Tu n'aimes pas aller à l'école, mais pourquoi?

– Parce que «c'est plate l'école», je ne veux plus y aller.

– C'est important, tous tes amis y vont. À ton âge, c'est ton travail. Papa travaille au bureau et toi, tu dois aller à l'école.

– Papa, il peut prendre une retraite bientôt?

La retraite était un sujet dont nous parlions souvent à cette époque. Ton père est fonctionnaire et nous discutions, devant vous, des mesures concernant les retraites anticipées. Et tu as ajouté :

– Est-ce que je peux prendre ma retraite maintenant, moi?

Tu me déconcertais ainsi, écoutant nos conversations et t'en servant par la suite pour expliquer quelque chose et le transposer dans ta vie. Tu pouvais faire des relations assez complexes.

Un jour, Myriam jouait avec toi et elle t'a annoncé :

– On arrête, Sébastien, j'ai gagné.

Tu lui as répondu, du tac au tac :

– Bien, mes félicitations, Myriam.

Tu avais quatre ans.

Si j'avais à te comparer à tes frères et sœurs et à déterminer celui ou celle qui te ressemble le plus, je dirais que tu as beaucoup de points en commun avec Jonathan. D'abord, vous vous ressemblez physiquement, ayant tous les deux la même structure osseuse, la même démarche et le regard pétillant. Souvent, Jacques et moi notons vos affinités dans votre façon de faire et de réagir; vous recourez beaucoup à la diplomatie et faites preuve de délicatesse dans vos relations humaines. Vous recherchez avant tout la paix, le calme, la tranquillité. Tous les deux, vous détestez être contrariés ou bousculés. Tu sais ce qui t'intéresse et tu te fais une opinion personnelle. Comme ton frère, tu as un esprit inquisiteur. Vous désirez comprendre. Tu as toujours aimé les émissions de télévision à caractère scientifique. À quatre ans, tu ne manquais jamais l'émission «Découverte». Tu es un petit garçon plutôt introverti. Toi et Jonathan êtes de bonne compagnie. Vous ne parlez pas inutilement et il vaut mieux vous écouter lorsque vous vous adressez à nous, car c'est souvent important. Vous avez la même attitude et le même humour. Vous préférez prendre des initiatives personnelles et travailler à votre rythme.

En plus, vous partagez déjà la même passion pour la photographie. Tu as deux appareils et tu te fais un plaisir d'être photographe attitré de la famille à certaines occasions. Tu me dis, avec conviction, que ton prochain appareil photo aura un zoom afin de mieux capter et rapprocher les sujets qui t'intéressent.

Toi aussi tu as des projets et ta petite caisse. Tu as une assez bonne discipline et tu gères ton budget. Pour gagner de l'argent de poche, tu déblaies la cour en hiver et coupes le gazon en été. Tu travailles fort, mais tu es tellement heureux de comptabiliser tes efforts!

Au moment où j'écris ce texte, il y a deux choses que tu aimerais t'acheter : un bon appareil de photo et un ordinateur pour ton usage personnel, m'affirmant très sérieusement que tu veux les acheter toi-même. Tu es très indépendant.

Tu défends déjà assez bien tes idées. Un jour, tu m'appelas de chez un ami, me demandant la permission d'y rester pour souper, car on t'avait invité. C'était un mardi. Tu savais très bien qu'il n'était pas permis de manger chez des amis les jours de semaine, à moins que ce soit leur anniversaire. C'est un règlement interne. Alors, tu m'imploras de faire exception. Je te demandai si tu te souvenais des usages de la maison. Tu me les énonças très clairement. Je te priai donc de revenir. Tu insistas mais, finalement, raccrochas. L'appareil sonna à nouveau. C'était toi : «Maman, écoute, c'est l'anniversaire de mon ami au mois de juin (nous étions en février) et sa mère m'invite à souper, cela pourrait compter pour sa fête, si tu voulais.» Je t'ai taquiné et j'ai maintenu ma position, te proposant de remettre cette activité à la fin de semaine. Tu as ri et m'as dit : «Ça valait la peine d'essayer, tu aurais pu accepter.» Je dois être sur mes gardes, car tu es d'une intelligence vive!

Tu as beaucoup d'habileté en informatique. Myriam est ta professeure. Tous les deux investissez énormément dans cette nouvelle technologie. Déjà, à huit ans, tu me dépannes. Tu as beaucoup de potentiel à développer. Tu n'aimes guère les sports d'équipe, préférant les jeux de société individuels ou à deux ou trois joueurs. Le monopoly te passionne.

Tu es tendre, et le soir, lorsque nous regardons la télévision, tu te colles contre moi, appuyant ta tête sur mon bras. Attitude charmante et bonne pour ton équilibre affectif... et le mien. Tu n'as pas peur de manifester ta sensibilité.

Tu suis des cours de piano depuis quelques mois et tu voudrais échanger ton clavier portatif pour un piano, car, prétends-tu, tu progresserais plus vite si tu avais un «vrai piano». Nous le savons bien, Sébastien, nous aimerions te l'offrir à l'instant même, mais il te faudra attendre.

Pendant neuf ans, tu as partagé ta chambre avec ton frère Mathieu. Le mois dernier, tu as changé de statut, fier de posséder ta propre chambre, ton quartier général. Tu es maître chez toi et tu prends bien soin de ton petit royaume, époussetant régulièrement les stores, et faisant ponctuellement ton lit le matin. Je profite de ces bonnes habitudes qui, je le sais, disparaissent parfois à l'adolescence.

Cher Sébastien, il est agréable de vivre à tes côtés. Tu grandis si vite! Jacques et moi savourons ta présence et désirons que tu suives, toi aussi, les élans de ton cœur, que tu continues à aimer la vie, à découvrir le monde qui t'entoure. Nous t'aimons tendrement.

Chapitre XI

L'éducation des enfants

Etre parents à temps plein signifie d'accepter de participer à un combat sans gloire, pour donner à nos enfants, les adultes de demain, les outils qui leur permettront de traverser la vie.

Le rôle de parents et d'éducateurs est parfois très ingrat. Ce sont les autres qui, souvent, bénéficient des résultats de notre engagement à donner une bonne éducation à nos enfants. Lorsque quelqu'un nous dit que nos enfants sont polis, serviables, respectueux, responsables, cela nous réjouit, mais derrière ce comportement, il y a eu bien des efforts. Les principes moraux, les valeurs ne s'acquièrent pas automatiquement. Il faut beaucoup de vigilance et de renforcement et ce n'est qu'à long terme que nous pouvons en évaluer les fruits.

Les jeunes doivent se sentir aimés, voulus et recevoir beaucoup d'affection. Nous essayons de créer un climat sain, stable et de coopération. Les anniversaires sont fêtés et chacun les souligne selon son imagination. L'objectif étant de faire plaisir, il n'est donc pas nécessaire d'acheter un cadeau; un dessin, une carte ou un bricolage fait à la main témoignent des bons sentiments. Le repas est constitué du mets préféré de celui qu'on fête. Nous préparons la table en y mettant tout ce que nous avons de plus beau, chandelles, argenterie, vaisselle du «dimanche». Tous les membres de la famille sont présents.

Nous passons beaucoup de temps à la campagne avec les enfants. De juin à septembre, si le temps le permet, la discussion s'anime autour d'un feu de camp quotidien. Des guimauves, dorées sur feu de bois, agrémentent nos soirées à la belle étoile. Nous communions dans la paix, évoquant et vivant des moments heureux tous ensemble. Ce sont des soirées où on privilégie la parole. Sans téléviseur, nous occupons nos loisirs à faire des projets et à discuter. Les plus âgés travaillent maintenant durant l'été. Cependant, ils reviennent au chalet, à l'occasion avec des amis, afin d'y retrouver le calme et de se détendre dans la nature. Nous avons cru qu'il était important de leur transmettre cette valeur. C'est un loisir, croyons-nous, qu'ils pourront toujours s'offrir.

Aimer nos enfants, et vouloir leur bien, c'est parfois savoir leur refuser des choses. À l'adolescence surtout, les enfants ont besoin d'interdits, de garde-fous pour grandir en sécurité. Nous avons tous été adolescents, nous comprenons aussi que c'est une période de bouleversement, de découverte, d'expérimentation où nous brûlons de passion. Savoir canaliser ses énergies exige une certaine sagesse qui ne semble pas être toujours présente à cet âge. Comme parents, nous prenons peur parfois, mais nous espérons qu'un jour nos jeunes orienteront leur vie pour le meilleur, qu'ils grandiront à la suite de leurs expériences.

Ayant cinq enfants de plus de dix-huit ans, je peux dire, en toute sincérité, qu'à leur adolescence, nous avons entamé les débats et j'entrevois, avec plus d'assurance, l'adolescence des trois derniers. Nous avons dû constamment négocier les heures de sortie, leur liberté, leurs responsabilités, leur indépendance et, à la longue, cela use.

Je ne connais pas de secrets ni de recettes miracles pour aider les enfants durant leur adolescence. Il y a autant de façons d'éduquer qu'il y a de parents. Si j'avais à donner un conseil, je dirais qu'il revient d'abord à chaque famille de s'autodéfinir, aux parents de gérer l'adolescence selon des ententes et des attentes qu'ils se sont fixées avec leurs jeunes. Comme parents, nous représentons l'autorité. Le principe de l'égalité, que nos adolescents réclament, est l'étape qui suit celle de l'adolescence. Je crois que nous devons être clairs et sincères dans nos convictions et, surtout, être persévérants.

L'adolescence est une période d'affrontements inévitables, une phase d'opposition. Cette crise varie beaucoup selon les enfants. Chez certains, cette étape se passe en douceur. Il est important de rester francs avec eux et d'apprendre à devenir de bons négociateurs. Il ne faut pas craindre nos adolescents, mais plutôt leur parler de nos inquiétudes, de nos peurs et, avant toute chose, leur exprimer notre amour. Lorsque nous nous sommes mis d'accord, et pensons que tout est gagné avec eux, bien souvent, il faut recommencer. La vie est un bon professeur. Croyons en nos jeunes et en leurs propres capacités de gérer leur vie, de faire leurs choix. Jacques et moi fixons à nos enfants des limites qui varient selon leur âge. Ce sont les plus grands qui, aujourd'hui, dans une perspective de jeunes adultes, nous confirment que ces frontières s'avéraient nécessaires.

Comme beaucoup de parents, nous pensons de notre devoir d'être à la maison, le soir, afin d'assurer une présence constante. Nous nous retrouvons ainsi urgentologues de garde vingt-quatre heures sur vingt-quatre, tous les jours de l'année. L'épuisement professionnel familial nous guette. Pour cette raison, nous avons cru et croyons toujours à la nécessité du repos. Il faut nous accorder du temps, bien à nous, pour refaire nos forces. Des vacances mentales sont toujours bénéfiques pour récupérer notre énergie et ainsi reprendre le travail avec entrain. Un congé permet de sortir de la routine. Après un repos, il semble plus facile de répondre aux multiples besoins quotidiens des enfants et de voir les contrariétés et les petits problèmes sous un angle différent.

Il n'y a pas de formation spéciale qui nous assure de devenir de bons parents. L'éducation de nos enfants est un travail exigeant, mais passionnant. Nous devons nous référer d'abord à nos propres capacités et, très souvent, à notre gros bon sens, pour leur apprendre à devenir des adultes autonomes et responsables.

Comment apprend-on à nos enfants à devenir des adultes autonomes financièrement? Voici comment nous avons essayé de leur inculquer, dès le jeune âge, des valeurs économiques. À leur première année du primaire ou aussitôt qu'ils pouvaient additionner et soustraire, les enfants recevaient un coffret en métal ou petite caisse, dans lequel ils pouvaient séparer les pièces de monnaie et le papier-monnaie. À ce cadeau s'ajoutait un crayon, une gomme à effacer, cinq dollars en monnaie et un livre comptable dans lequel nous nous efforcions de leur enseigner comment inscrire toutes leurs opérations. Nous observions étroitement toutes les entrées et sorties. Nous exigions que la petite caisse balance avec le livre comptable, chacun devant rester dans les limites de son budget, assurant ainsi un contrôle sur ses dépenses. En outre, un compte de banque personnel et une carte de débit faisaient partie de leur ensemble de survie. Ils apprenaient à effectuer des dépôts et des retraits. En général, les enfants aimaient cette activité. Ils ont ainsi mesuré leurs limites et éprouvé, un jour ou l'autre, la frustration de manquer d'argent et d'avoir à remettre à plus tard l'achat d'un objet convoité.

Malgré le fait qu'Ameer et Dominique aient boudé la méthode, temporairement, ils y sont revenus. Ils étaient plus âgés et avaient constaté qu'ils perdaient le contrôle, ne sachant plus où ils en étaient. Alors, quand ce moment arrive, mon mari et moi nous nous réjouissons, la partie est gagnée; les enfants pourront vivre selon leurs moyens. Parbin est la seule à avoir toujours consciencieusement respecté son budget, même au moment de l'adolescence. Pour leur part, Myriam et Jonathan accumulent factures et reçus dans un tiroir. Jennifer, à l'occasion, nous dit : «Je connais mes limites, je n'ai pas besoin de tout écrire. Je ne veux pas que vous me contrôliez.» Nous acceptons et attendons tranquillement en souriant du coin de l'œil.

L'éducation est un travail à long terme et, nous le savons, l'arbre ne porte ses fruits que bien plus tard dans la saison. Nous investissons plus de temps à initier Mathieu et Sébastien à enregistrer correctement leurs opérations et à se servir de leur carte de débit. Avec eux, c'est un jeu, pour le moment.

Dans une famille nombreuse, le rôle d'éducateur est partagé entre les parents, mais les enfants y contribuent sans le savoir. En effet, nos enfants se transmettent des notions éducatives fondamentales. Ils apprennent à partager leurs jouets, leur chambre, leurs vêtements, le téléviseur; ils doivent constamment interagir. Nous ne tolérons pas que les enfants se blessent physiquement ou s'insultent. Si cela arrive par accident, nous leur demandons de s'excuser. La politesse est une valeur à laquelle nous tenons. *S'il-te-plaît* et *merci* sont des mots importants à utiliser. Nous leur apprenons à avoir de la considération les uns envers les autres et encourageons les plus âgés à s'occuper des plus jeunes. Ainsi se tisseront peut-être entre eux des liens solides qui s'intensifieront et deviendront le gage d'une amitié indéfectible. C'est ce type de relation que nous avons, Jacques et moi, avec nos familles respectives. Je suis la dixième d'une famille de douze et mon mari est le sixième d'une famille de huit. Nous considérons nos frères et sœurs comme de bons amis, en fait, comme nos plus grands amis, ceux qui nous aiment et qui sont toujours prêts à nous aider.

C'est sans doute l'accumulation de petites expériences partagées qui contribue le plus à développer cette capacité d'établir une relation harmonieuse et privilégiée entre frères et sœurs. Les voir grandir ainsi me réjouit. La scène que je décris maintenant s'est déroulée en mai 1987.

Un midi, les «petits chéris» manigançaient secrètement ensemble. Jonathan, Dominique, Myriam et Jennifer se donnaient rendez-vous dehors tout de suite après le dîner. Bien sûr, maman observait sans voir et écoutait sans entendre, sachant très bien qu'ils avaient un plan.

Le dîner terminé, les enfants sont venus m'embrasser, je dirais presque trop tendrement. Y avait-il quelque chose de louche? Comme les mères sont soupçonneuses à leurs heures! Je décidai donc de les épier par la fenêtre. À vitesse folle, ils quittèrent la cour à bicyclette. J'admirais cette énergie explosive de l'enfance. Jonathan, debout, pilotait son bolide et Myriam, accrochée à son cou, tenait son équilibre, les deux jambes bien écartées, formant deux angles opposés de quatre-vingt-dix degrés. Je les trouvais beaux. Ils avaient l'âme si légère! Puis, la deuxième bicyclette est apparue roulant à vive allure. C'était Dominique et Jennifer qui m'offraient le même spectacle. Je me suis alors dit qu'il fallait les laisser aller. Je ne voulais pas briser leur plaisir, même si je leur défendais d'avoir un passager à bicyclette. À demain, la sécurité! Mon bonheur se résumait à les voir accrochés ensemble, heureux, insouciants, débordants de vitalité, riant aux éclats, vivant intensément cette escapade, sans que maman ne le sache. J'étais convaincue de contribuer à leur bonheur.

Après quelques années à la maison, je me suis rendu compte que tout le monde exigeait beaucoup de moi. J'étais devenue responsable de tout ce qui manquait et, parfois, je trouvais pesante cette obligation. Nous avons décidé d'établir des processus qui faciliteraient ma tâche. Faire les achats d'épicerie est une activité hebdomadaire qui demande beaucoup de temps. Souvent, j'avais oublié d'acheter des denrées et nous devions, Jacques ou moi, retourner au marché plusieurs fois par semaine. Je me sentais coupable. Un jour, j'ai placé une feuille blanche sur la porte du réfrigérateur et j'ai demandé la collaboration de tous afin de simplifier ma tâche du vendredi. Chacun devait inscrire les articles manquants ou les produits alimentaires qu'ils aimeraient que j'achète et indiquer son nom à côté. En échange, je m'engageais à acheter ce qui était indiqué sur la feuille. Ce simple bout de papier m'a libérée et enlevé beaucoup de désagréments. Le déchiffrage était amusant, car les petits essayaient d'écrire des mots sans en connaître l'orthographe. Peu importe, je peux assurer que cette méthode fonctionne très bien et elle est en application depuis plusieurs années maintenant. Je suis fière de voir toute l'équipe travailler ensemble au bien-être de la famille.

Les enfants sont également appelés à remplir d'autres tâches dans la maison. Ainsi, chacun doit faire son lit le matin, et la vaisselle est partagée entre ceux qui sont présents pendant que je m'active ailleurs. Après la douche, ils doivent déposer serviettes et vêtements souillés dans un panier et je me charge du reste. Maintenant qu'il y a des grands, ils peuvent s'occuper à l'occasion de la lessive.

Parce que nous sommes une famille nombreuse, il est nécessaire d'avoir une plus grande discipline pour maintenir le bon ordre. La maison n'étant pas une auberge de jeunesse, nous fixons des règlements auxquels les enfants doivent se soumettre. Par exemple, il y a des heures d'entrée, de sortie et de coucher pour chaque enfant. Nous prenons un repas en famille tous les soirs. Les jours de classe, les enfants ne peuvent pas inviter d'amis à coucher ou à prendre un repas. Nous réservons tout notre temps en soirée à nos enfants exclusivement. Les fins de semaine, les amis peuvent regarder un film et manger à la maison. À l'occasion, nos adolescents invitent des amis à coucher. En général, mon mari et moi sommes tous les deux à la maison. Lorsque les enfants font leurs devoirs, le téléviseur est fermé. C'est un temps réservé uniquement au travail scolaire.

Nous croyons, comme parents éducateurs, que la discipline personnelle et le respect de notre milieu de vie sont d'autres valeurs à transmettre.

La responsabilité de garder la maison raisonnablement propre doit être partagée entre tous les membres de la famille. Nous mettons nos efforts en commun afin de vivre dans un environnement plus agréable. Ainsi, parce que chacun participe aux travaux, il respecte davantage l'ordre convenu. Étant plus nombreux, nous devons penser à l'organisation matérielle et être vigilants, sinon le fouillis nous guette. Jacques et moi n'accepterions pas de vivre ainsi. À mesure que les enfants se sont ajoutés, nous avons réévalué l'aménagement domestique. Une bonne planification assure un meilleur fonctionnement et contribue également à enlever beaucoup de stress.

Lorsque notre premier enfant est arrivé en 1976, nous désirions devenir de bons parents. Après avoir cheminé, pendant toutes ces années, avec nos huit enfants, nous nous demandons, souvent : «Si nos enfants avaient pu choisir leurs parents, aurait-ce été nous? Nous serions comblés s'ils répondaient tous positivement.

Chapitre XII

Message aux enfants

Votre père et moi craignons de ne pas avoir le temps de révéler à chacun de vous ce qui, à nos yeux, est essentiel dans la vie. À cause de votre différence d'âge marquante – vingt-deux ans entre Ameer et Sébastien – et de vos expériences variées, nous voulons nous assurer que vous aurez tous, un jour, une compréhension des valeurs que nous voulions vous transmettre. Lorsque vous serez devenus parents, vous valoriserez, sans doute davantage, ce que nous vous disons, aujourd'hui, avec insistance.

Cette partie du livre a été influencée par nos lectures passées, par notre éducation, par notre réflexion personnelle et, surtout, par notre vécu.

Jacques et moi croyons que la recherche du bonheur est l'objectif ultime de la vie. Nous souhaitons que vous en ayez conscience très tôt afin que vous y consacriez vos énergies. Nous sommes convaincus que le bonheur est accessible à chacun de vous. Nous avons cherché à en trouver une définition complète mais, après avoir long-temps réfléchi, voici comment nous le concevons et ce qu'il représente pour nous. Le bonheur serait la quiétude d'une personne qui vit en harmonie avec un haut idéal et dont la conscience serait en paix avec elle-même. L'équilibre créé entre ses forces intérieures lui procurerait une forme de bien-être individuel unique.

Nous aimerions vous dire, qu'à notre avis, le bonheur n'est pas extrinsèque, mais qu'il est caché au plus profond de nous. Allez à sa découverte.

Les grandes choses de la vie sont gratuites : l'amour, l'amitié et la paix intérieure. Développez ces sentiments, ils seront le parfum de votre vie, l'arôme bienfaisant et l'énergie qui vous fera vibrer.

Dans votre recherche du bonheur, ne laissez pas le hasard choisir ce que vous deviendrez, pas plus que le but de votre vie. Vous devez faire votre place et suivre les élans de votre cœur. Chacun de vous possède une richesse personnelle. Vous avez été créés pour embellir le monde de demain. Cherchez le travail qui vous élèvera.

Accordez du temps à la réflexion dans le silence, vous trouverez la paix intérieure. Vous découvrirez vos forces individuelles. Il vous sera alors difficile de vous perdre.

Rappelez-vous que, dans les moments pénibles, vous devriez retourner près de la nature. Le feu, l'eau, la montagne apaiseront vos souffrances plus que les produits artificiels. Admirez la nature, elle est la manifestation de l'existence de Dieu, de sa présence en nous.

Prenez soin de votre corps, la santé est un don gratuit. Prenez conscience du contrôle que vous avez sur votre propre vie, votre fécondité, vos grossesses. Informez-vous sur les drogues et l'alcool, et prenez consciemment et courageusement vos décisions.

Comme le conducteur d'automobile qui concentre son attention sur la route, laissez-vous guider par l'avenir. Tenez compte de votre passé, mais débarrassez-vous de tout ce qui nuit à votre épanouissement et qui vous empêche d'avancer.

Si vous avez eu un départ plus difficile dans la vie, vous avez la liberté de corriger votre trajectoire. Il ne tient qu'à vous d'accepter ce qui ne peut être changé et de vous fixer des buts. Vous perdrez moins de temps ainsi. La route est plus longue devant que derrière.

Permettez-vous de rêver et n'abandonnez jamais un rêve, la patience et la persévérance sont les facteurs importants de la réussite, ils en sont le secret. Pour réussir, il faut d'abord essayer et souvent recommencer. La partie la plus ardue d'un travail, c'est souvent de commencer et, pour cela, habituez-vous à une discipline personnelle; vous réaliserez plus de projets et vous trouverez le temps de faire ce qui en vaut la peine.

Cherchez les occasions d'aider votre prochain. Vous en serez heureux. Respectez les différences. Soyez tolérants. Essayez de voir les aspects positifs des autres, la part de bonté de chacun.

Prenez le temps de choisir vos amis, les vrais amis se révèlent précieux et rares. Regardez autour de vous, ils sont souvent un frère, une sœur. Ne parlez pas contre les autres, cela est inutile. Il n'y a rien à retirer d'une telle attitude.

Si vous avez commis des erreurs, reconnaissez-le, pardonnez-vous. Soyez bons avec vous-mêmes, et recommencez. Nous pouvons grandir spirituellement et devenir meilleurs. Comptabilisez seulement les bonnes choses qui vous arrivent, et tirez toujours une leçon du négatif.

Nous voudrions que vous vieillissiez dans la sérénité. Si vous suivez les principes que vous vous fixerez et si vous demeurez honnêtes avec vous-mêmes, vous connaîtrez la joie profonde d'un être accompli. Pour cela, apprenez à vous aimer d'abord et à aimer vraiment et passionnément vos proches.

Chers Ameer (même si tu n'es plus là), Parbin, Dominique, Jonathan, Myriam, Jennifer, Mathieu, Sébastien, Jacques et moi voulons, plus que tout au monde, vous laisser notre amour en héritage. Nous avons la conviction qu'un jour, ce trésor surpassera tous les biens matériels que nous aurons pu vous léguer.

Table des matières

Dans la collection
Visages

1.   Claude Châtillon, *Carnets de guerre. Ottawa-Casa Berardi. 1941-1944*, 1987, 168 pages.

2.   Paul Gay, *Séraphin Marion. La vie et l'œuvre*, 1991, 256 pages.

3.   André Laflamme, *La création d'un criminel*, 1991, 248 pages.

4.   Edmond Robillard, *La sagesse et les sentences du mime syrien Publilius Lochius*, 1992, 172 pages.

5.   Jean-Louis Grosmaire, *Lettres à deux mains*, 1996, 160 pages.

6.   Jacques Flamand, *L'étreinte de la pierre*, 1997, 170 pages.

7.   Georgette Kambani, *Poèmes. Peintures. Symboles*, 1998, 152 pages.

8.   Nicole V. Champeau, *Mémoire des villages engloutis*, 1999, 188 pages.

9.   Jean-Louis Grosmaire, *Les petites mains. Enfants du Mexique*, 1999, 88 pages.

10.   Michel Muir, *Mes mots*, 2000, 168 pages.

11.   Fernand Ouellet et René Dionne, *Journal du père Dominique du Ranquet, s.j.*, 2000, 272 pages.

12.   Diane Lussier-Bouchard, *Laisser l'amour en héritage*, 136 pages.

Laisser l'amour en héritage
est le deux cent dixième titre
publié par les Éditions du Vermillon

Composition
en Bookman, corps onze + sur quatorze +
et mise en page
Atelier graphique du Vermillon
Ottawa (Ontario)

Films impression et reliure
Imprimerie Gauvin
Hull (Québec)

ISBN 1-894547-21-7
Achevé d'imprimer
en mars de l'an deux mille un
sur les presses de
l'imprimerie Gauvin
pour les Éditions du Vermillon